住基ネット いち抜けた
自治体離脱の手引き
サシは10ケタ ヒトは1ケタ

目次

2	はじめに	白石 孝

自治体とプライバシーの保護

4	住基ネットにおけるプライバシー	弁護士 稲垣隆一
13	自治体の住基ネット離脱には法的な根拠がある	弁護士 藤原宏高
19	「個人情報保護」っていったい何だ？ 地域での取組みにおける「情報主権」という課題	日本消費者連盟 吉村英二

「現場」から見た住基ネットの欠陥

24	地域自治政府の観点から考える	練馬区改正住民基本台帳法問題研究会 江原 昇
32	住基事務の現場から見た住基ネットのシステム的な問題	自治体職員 仲埜 滋
41	住基ネットは使えない──自治体現場報告をめぐる討論	

「技術」から見た住基ネットの欠陥

45	技術的視点から見た「電子政府」の問題点	JCA-NET 西邑 亨
54	住基カードのセキュリティ問題	岩手県立大学教員 山根信二
63	「システム」って何だ？ 「セキュリティ」って何だ？	作新学院大学教員 藤本一男 稲垣隆一

監視社会を監視する

69	監視社会のイメージ	パロディスト マッド・アマノ
71	監視社会のメンタリティ	ジャーナリスト 小谷洋之
77	監視社会のターゲット	富山大学教員 小倉利丸

はじめに

　政府は2003年8月25日を住基ネット第2次稼動の日と発表しました。おそらく、表面上は予定どおり「粛々」と実施されていくことになるでしょう。しかし、本当のところはどうなのでしょうか。

　順風満帆に見えた住基ネットにも、大きな欠陥や矛盾が見えてきました。本来、国の制度である住民管理制度に自治体のシステムをむりやり転用しようとしたことや、すべての住民に住民票コードの付番通知をしたことなども問題を顕在化させることにつながりました。

　ところで、住基ネットへの関心は1999年国会審議の時点ではほとんどなく、2002年初頭、弁護士や言論人の間でやっと疑問や批判の声が出されるに至り、そして、2002年5月末、防衛庁事件を毎日新聞がスクープした頃から広がり、8月、コード通知が届くことで、全国規模の運動へと拡大していったのです。

　しかし、住基ネットの基本と問題点が理解しにくいことから、運動の側に戸惑いや混乱が生じ、取組みは拡散せざるをえませんでした。そこで問題点を整理し、広く提示する必要がある、ということで、2003年2月14日と15日に「住基ネット第2次稼動へ向けた運動のためのワークショップ＆市民集会」を開催しました。本書は、両日の報告と討論の記録を編集・収録したものです（ただし注記は、とくに断り書きのない場合は編者による）。

　この企画には、自治体担当者、弁護士、技術者、議員、市民運動など各分野からの参加が不可欠との認識で報告と提起をお願いし、結果として大きな成果を上げることができました。政府は情報隠しで焦点化することを避けてきましたが、そのもくろみは崩れ去ったのです。

　マスコミが住基ネットを取り上げる機会はめっきり少なくなっています。それに比して市民的関心は依然として継続しています。

　台湾で第2次大戦後に実施された国民管理制度の強化について、ある研究者は「日本時代の戸口登録に基づき」さらに「身分証明書の発行や自新証（筆者註：自己申告のようなもの）の記録が加えられ」「1947年末まですべての住民に国民身分証が発行された」と解説しています（何義麟『二.二八事件』東大出版会）。

　これまで私たちは、韓国の住民管理制度を紹介し、「9・11事件」以降の欧米

での管理強化を指摘してきましたが、台湾の歴史が物語るように、住基ネットは本質的に住民管理制度の基礎を形成する以外のなにものでもないことがこれらから証明されます。

　たとえ2003年8月25日に住基ネットが本格稼動しようとも、管理と監視への闘いは終わりません。むしろ、それ以降本格化するであろう事態に、より真剣に取り組む必要があり、本書がその一助となれば幸いです。

　私たち「反住基ネット連絡会」は、2002年5月から実質的な活動を始めました。プライバシー権、盗聴法、反監視などに取り組むグループや個人、そして全国の自治体議員と市民グループが主な構成メンバーとなっています（2003年5月5日現在で280個人、70団体が賛同）。長く続くであろう自由と自立を求める闘いに参加してほしいと思います。

　なお、本書の編集は、連絡会の西邑亨、吉村英二、白石孝が担当しました。現代人文社の西村吉世江さんにはすべてにおいてお世話になったことを記しておきます。

2003年5月
反住基ネット連絡会
白石 孝

自治体とプライバシー保護

住基ネットにおけるプライバシー

弁護士／日弁連情報問題対策委員会・コンピュータ研究委員会
稲垣隆一（いながき・りゅういち）

● リアル・ワールドから電子の世界へ

「インターネットは世の中を変える、政治を変える、民主主義を変える」といわれてきました。インターネットにかぎらず、電子的な情報の流れの可能性——技術は、世の中を変え、民主制を変える。実際そうだと私は確信しています。住基ネットの問題を議論するなかで、ますますその確信を強めています。というのは、今までリアル・ワールドの中にあったものを電子技術でそのまま再生しようとするなかで、いろんな動きが始まっているからです。

ところで、住基ネットの問題は、自治体の事務をリアル・ワールドから電子の世界に移すときに提起される問題点を一括して示しています。たとえば、自治体の管理している資産のひとつである個人情報を電子ネットワークに置くには、ネットワークのセキュリティと個人情報主体の利益が守られる枠組み作りと、そのためのシステムを構築をするだけの財政上、人材上の能力が必要です。これを誰がどのようにしてやるのかが問題点のひとつです。これは住基ネットにかぎらず出てくる問題です。

では、どう考えたらいいのでしょうか。

自治体といってもその能力は多様です。「力のないところは捨てて、民間に委ねたほうがいい。分権はするけど、プライバシーの保護にしても、能力がないところに任せたら危ないから、有能なところだけ集権して、統合すればいい。これから、きちんとやっていくんだ」——こういう発想で中央集権的なネットワークが作られているように思えます。

日弁連のアンケートによれば、自治体の多くは専従者もなく、マニュアルも読みこなせていません。財政も人材も不足しています。こんな自治体にも、総務省告示❶や住民基本台帳ネットワーク・システム推進協議会が「セキュリティ対策の基準書」❷を配って見切り発車している以上、そういわざるをえないのです。

これは、ボタンを押しただけで何かができてしまう世界に移行するうえで、考えなければならない問題です。個人の問題としてはプライバシーの内実化だし、自治体の問題としては地方自治の本旨をどうやって実現していくのか、それから国と国民の関係をどう考えていくのか、そういうことを一人一人が考えていかなければならない問題なのだと思います。

現実を自分の目で確かめよう

　ここで雑談しますが、みんなで「CSサーバー・CS端末❸を見る会」をやって、協力自治体に見に行けばいいのです。そうすれば、住基ネットのセキュリティや個人情報保護の現状は一発でわかります。

　私は練馬区に住んでいますが、たまたま住民票を取ろうとしたときに、「私は弁護士やってるんだけど、せっかくだから『住基ネット』の端末を見せて」と言いましところ、「どうぞどうぞ」と言って見せてくれました。それを見た私は、これで本当に大丈夫か？と思えてきました。

　後に発表された住基ネットのセキュリティ・ガイドラインを見ると、住基ネットのサーバーや端末などの設備は閉鎖されたところに置かなければならないということになっています。それがさらに後になって、目の届く範囲で区切られた区画ならいいということになったことはご存知のとおりなんですが、私の見た設備は区切られてもいませんでした。タバコを吸えばパーと広がるようなところに置いてあったわけです。その上にモデムみたいのが置かれていたりしていて、電源系を見ると2本刺さっていました。そのへんにコードがあって、「これは蹴つまづきますね」とか言っていました。

　これが練馬区の現実でした。プライバシーのこととか住基ネットに漠然と不安をもっている人たちにいちばん必要なことは、今ある現実を自分の目で確かめて、技術が自分にとって何なのか、ということを目で見るということです。住基

----

❶総務省告示第334号「電気通信回線を通じた送信又は磁気ディスクの送付の方法並びに磁気ディスクへの記録及びその保存の方法に関する技術的基準」http://www.soumu.go.jp/c-gyousei/daityo/pdf/020610_334_02.pdf
❷「住民基本台帳ネットワークシステムのセキュリティ対策」http://www.soumu.go.jp/c-gyousei/daityo/pdf/020903_1_6.pdf
❸CSはCommunication Serverの略で、慣習的に「CSサーバー」と呼ばれている。市町村における住基ネット利用のための基本機能を提供している。CS端末は、市町村が住基ネットを利用した業務を行うための専用のパソコン（端末）。設計上の名称は「業務端末」。住基事務担当者の席などに置かれ、CSサーバーとは庁内LANおよびファイアウォールを介して接続される。

ネットのセキュリティやプライバシーの議論は、私の番号がこんなところに置かれて作業されていていいのかということから始めるべきなのです。

住基ネットの技術の問題点というのはもっと大きなところにあると思うのですが、そんな大きなリスクがこんな箱の中に置かれていていいのか、もっときちんとしてよ、あるいはやめてよ、という話になるのであって、やはり現実を見に行くということが必要です。CSサーバーとかCS端末を見るツアーをやったらいいと思います。そうでなければ本物の議論になっていかないし、本当に自分のプライバシーを考えることになっていきません。

住民にとって住基ネットとは何か

さて、本題に戻ります。今からお話しするのは、住基ネットとバランスするプライバシーの権利とはどういうものか、ということです。そこで住基ネットとは何かをまず考えてみましょう。

確認しておきたいことは、われわれが議論している住基ネットという言葉は、いろんな意味で使われているということです。たとえば、最初に議論された頃に考えられていたモデルはこうです（図1参照）。私は練馬区に住んでいますので、まず練馬区民がいて、区があって、都があって、全国センターがあって、国があるという情報の流れになります。国といってもいろんな機関があります。そして全国センターには全国の自治体もぶら下がっています。

そして、「私に番号がふられる」と考えるわけですが、ここが中核的なところです。

国がいっているのは「あなたに番号をふるのではありません。もともとやっているあなたの事務、もともと国があなたに対してやっている仕事を、番号をつけてやりやすくしているんです」ということなんですね。国立市が総務省に照会を出して回答をもらったその最後のところに、「これは私たちが国の事務をやりやすくする制度です」と明記されています。

つまり、住基ネットの作り手にすれば、「私のこと」ではないのです。でも、区民なり住民にとっては「私のこと」なのです。自分のところに何番という番号がきて、自分のことがこうして処理されることを目の前に見せられたから、「大丈夫か？」という疑問をもつわけです。

そこで私たちは、住基ネットを使って私たちの個人情報がどう流れるのかを考えることになります。そのときに気づくのは、住基ネットとは何かということに関

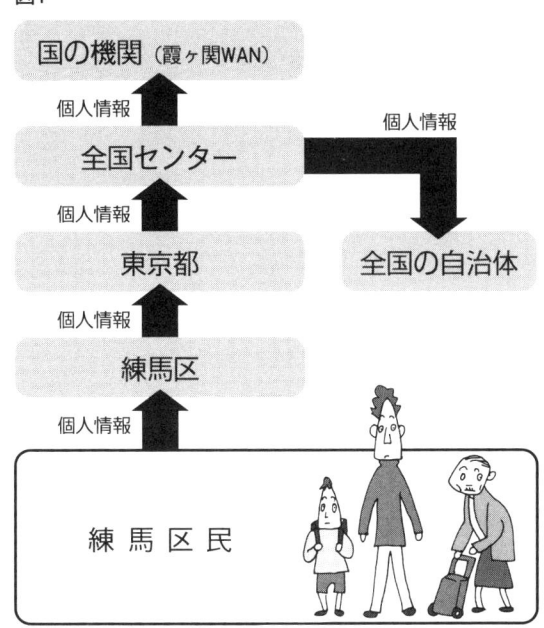

図1

して、具体的に説明しているものは何もないということです。誰も住基ネットを用いた個人情報の収集、集積、利用が実際に誰の責任の下でどう扱われるか、そこのセキュリティや個人情報保護の制度や実際の状況、能力がどうかは説明していないわけです。地方自治情報センター（全国センター）のホームページがいちばん詳しいところですが、そこにも絵が描いてあるだけで、こうしたことは何にも出てきません。

リアル・ワールドにおける住基ネット

　この絵のような、全国センターに自治体がぶら下がり、国が情報を全国センターにとりに来るネットワークを、私はいちばん"狭い意味での住基ネット"と呼んでいます。だけどこれは、本物の住基ネットとは、実は違うのです。国は"狭い意味での住基ネット"を作るために金をかけたかったわけではない。

　"狭い意味での住基ネット"は、料理でいえばフォークかナイフの類です。いちばん大事なことは、テーブルと皿と美しい部屋にみんなが集まって食事をする、ということです。つまり、住基ネットを使って、どこが事務をするのかということですね。それは、まずはLGWAN（Local Government WAN：自治体間を結ぶ

ネットワーク)と「霞ヶ関WAN」(国の府・省・庁を結ぶネットワーク)❹です。

「霞ヶ関WAN」は、国の機関(府省庁など)の職員みんなが共用ネットワークで結ばれているもので、実際にはメールをやっている程度だそうですが、制度的には霞ヶ関の役所やその出先機関などまで結んだネットワークができつつあります。LGWANとは何かというと、全国の自治体を結んでみんなでメールなどを送れるようにしよう、というネットワークです。

そうすると3,300の自治体、および国の機関が全部ネットワークで結ばれ、そこからそれぞれの職員に結ばれるということです。

これは法律がありますから、制度的には外に情報を流すという想定はされていませんし、公務員法やそれぞれの各法で情報の漏えいなどもガードされてはいます。しかし、今議論していることは、現実に電線やガラス線で結ばれたネットワークに起こる例外的な事象が、どのくらいの頻度でどういうことが起こって、それによってどういう被害が出るのか、ということであって、それに耐えられる制度を作らなければならいという議論をしているのです。法律がどうなるかを議論しているわけじゃないということですね。

プライバシーやセキュリティ・マネジメントの観点から住基ネットを考えるということは、LGWANと「霞ヶ関WAN」、それと住基ネットが結ばれた全国ネットワークが作られて、しかもそこには、情報漏えいや不正アクセスや誤入力や機械の停止や外からの侵害などがありうるなかで、情報セキュリティとプライバシーを守る制度をどう作っていくのか、どう考えるか、ということなのです。

ひろがりゆく電子の世界におけるプライバシー

日本の中だけの問題を考えても、国のネットワークなり、個人情報の電子的な流れというのは、もう少し広いものです。つまり、幹線道路が通ればそこにカメラがついています。それから防犯街路灯もあります。犯罪が起こったとき、その現場周辺に防犯街路灯があれば、そこにカメラがついていて、逃げていく犯人が写ります。それから、自動車の鍵などに一定の番号を発生させる装置がついていて、これから長野の別荘に行くときに別荘の位置を入れると、混んでいる道路や迂回路を示してくれて、途中で牛丼が食べたいと思ってボタンを押すとその店

---

❹WANはWide Area Networkの略。広域ネットワーク。通常は狭域のネットワークであるLANを相互に接続するもの。

に何時何分に予約が入り、行くと「いらっしゃいませ、お待ちしていました」となるわけです。高速道路も自動決済です。銀行に行くと精算が済んでいるというシステムが作られようとしているわけです。

　もう少し状況を見ますと、偵察衛星の認識精度は誤差10センチといわれます。ということは、街を歩けばカメラ、車を動かせばITS❺やUTMS❻で把握、上からはみなさんの美しい姿が映し出される、という世の中が作られようとしているのです。われわれは今、そういうところにいるのです。日本だけでなく、韓国、スウェーデン、アメリカ、いろんなところで同じようなことが考えられているわけです。つまり、そういう環境のもとでこうしたネットワークが作られ、そのいちばん下に住基ネットがあり、わが役所に住基ネットの端末が来る、そして、そこと市民の関係ができる、ということです。

　そうしたときにプライバシーをどう考えていくのか。今までのように自己情報コントロール権だけでは足りないと思います。こうしたネットワークの危機感を、憲法学者はまだほとんど共有していません。やっと若い人たちが議論し始めた段階で、当然これからの話になってきます。誰も実験したことがないし、人が書いたものもない、その中に市民がいるのだということです。私たちは、いったい何がプライバシーの実体なのかを本当に考えていかないといけません。

住基ネットの裏側にある雇用問題

　一方にそんなお金をかけたシステムがあるのは、それを支える現実があるからです。作れば売れるからです。買う人がいるからです。もうひとつは作り手がいるからです。私たちのプライバシーは、こうした社会の中での人権だということも考えなければならないのです。

　そもそも住基ネットは、e-Japan戦略の中で大事な目玉商品でした。小渕さんがIT国家として生きていくと言っていました。そこで宣言されたことは、壮大な雇用対策でした。今も、メーカーが倒産しています。しかし、システムの作り手、それからセキュリティの技術者はまったく足りないのです。たとえば、住基ネット

---

❺Intelligent Transport Systemsの略。前述した自動車の情報を収集して道路交通のコントロールをするシステムで、自動車のナビゲーション・システムや高速道路の自動料金収受システムなどいくつかのシステムで構成されている。
❻Universal Traffic Management Systemsの略。警察庁が研究開発、配備を進めている「新交通管制システム」。ITSを構成するシステムのひとつに位置づけられている。

のセキュリティ監視のためにセキュリティの技術者を各自治体に10人置いたとすると、3,300自治体で33,000人が必要です。自治体だけでも少なく見積もってこれだけの人が必要です。しかし、今、これだけの技術者はいません。自治体3,300でそれだけの人数が必要ですから、世の中に配置していくにはまったく人数が足りません。教育をする人もいないし、教育を受ける人もいないのです。

この業界、そして住基ネットは、壮大な雇用を保証する分野であることは間違いないのです。ですから住基ネットのセキュリティと個人情報保護の方策をどう構築するかは、今後、日本をどう支えていくか、ということにも影響してくるのです。今まで良いものを作っていた会社が、今は中国のほうが安いから、ミャンマーのほうがもっと安いからという理由で倒産するのです。子どもたちのことを考えたときに、われわれはどうやって生きていくのか、ということも視野に入れて議論すべき問題なのです。

住基ネットが抱える構造的矛盾

次に住基ネットの構造的な矛盾についてお話ししましょう。それは、住基ネットの構築と利用は国がやりながら、参加や運用の責任だけは自治体だということです。使いたい人間も国なのです。だからそれに見合った制度を作りたいという流れになっています。しかし、憲法上や制度上の問題で各自治体にシステムやセキュリティ、個人情報保護の責任を負わせているわけです。加えて、各自治体は自分の住民の個人情報を保護する責任を負いますから、それが流れて行く先の情報セキュリティや個人情報保護の水準を自分のところと同じにしてくれと言えなければなりません。

しかし、間違いを正すことも、チェックのシステムを作ることも、セキュリティのことも、わが自治体のことについては考えられるが、隣の自治体については何もできないのです。セキュリティについてシステム全体がネットで結ばれるときに、自分の情報のセキュリティについてまったく口出しができないのです。センターを通じて調査しかできないということは、セキュリティの観点からすれば非常識です。これが住基ネットの構造的な矛盾です。

住基ネットの残存リスクをお金で買えるのか？

ところで、セキュリティの一般水準であるBS7799[7]が山根さんの論文[8]に出

てきますが、この考え方は、情報セキュリティ・マネジメントに関する民間のベスト・プラクティスです。そして、その基準は必ずしも全世界で承認されているわけではないのです。少なくともアメリカ、カナダは乗らない。他の国の民間企業が定めたセキュリティの水準は採用できないということで、アメリカのビッグ・ビジネスの会社は承認しません、国防の問題にも関連するわけですから。

いずれにしても、日本はBS7799を利用したものを考えているわけですが、それはあくまでも民間中心です。

民間と役所の仕事でのセキュリティの違いは何かというと、残ったリスクの処分の仕方です。システムには危険があります。絶対に完全なものではありません。システム作りの基本は、事故が起こった場合に計画どおりにきちんと動いていき、中のものが守られるということ、そしていつでも動いているということ、役に立つということです。そういうものを作るのにどうするかを考えるわけです。

たとえば、ある自治体の首長が「『住基ネット』に乗ります」と言ったとして、みなさんの情報が外に流れる危害はないように努力したが、事故が起こり外に出てしまったとします。その事故の被害に対してこの区長が「1人あたり1万円で買い取ります。だから『住基ネット』をやることにしました」ということを言ったとしたら、この区長は次の選挙で当選できるものでしょうか？　私はそんな演説をした人間には絶対投票しません。みなさんもそうだと思います。

ところが、企業はそういう場合にどうするかというと、保険をかけます。それでいいというのがBS7799の考えです。当たり前のことです。ビジネスだからそれでいいわけです。経済合理性があるからです。民間をベースにしたセキュリティの基準は、残存リスクを転嫁できるという前提に立っているのです。

住基ネットでも現実的には国家賠償とかお金でやるのですから、最終的にはお金の問題になります。しかし、制度をやるかやらぬか、どう設計するかということが問題となっている今、「残存リスクをお金で買うというシステムでいいのか？」ということを議論をする必要があるだろうと思うのです。そこからセキュリティ強度をどこまで上げるかの議論が出て来ることを期待するからです。また、

---

❼英国規格協会（BSI）が民間向けとして制定した情報システムにおけるセキュリティ管理のガイドライン。ISO/IEC15408と並んで現在広く普及している基準。製品のセキュリティ評価認証を行うISO/IEC15408に対して、BS7799はセキュリティ・マネジメントに重点を置いた規格で、コストが低く抑えられるために導入しやすい特徴がある。

❽本書に収録した山根信二さんの「住基カードのセキュリティ問題」報告時に、会場で配布されたた論文「住民基本台帳カードをベースとした連携ICカード導入の技術的問題点」で、論文の入手については「参考資料」を参照。

人権を危うくする政治システムを作るかどうかを考えるとき、残存リスクは金で処理することにする、といえるものにするかどうかは大きな論点です。

これしかないのだから仕方がないというのもひとつの議論です。しかし、住基ネットはそこを議論しないまま、あるいは隠したまま、「万全の安全対策をとる」ということで始まりました。それでいいというのであればやればいいのです。私は、もしやるなら、国、自治体の個人情報を扱う部門が少なくともBS7799-2：2002、ISMS Ver2.0❾を構築した後にすべきだと思います。

求められるプライバシー論の構築

このように、私たちは今、住基ネットを含むIT社会に対応できるプライバシー論を構築できていません。しかも、住基ネットは、構造上も実施は国、責任は自治体という矛盾をもち、自治体は自らの住民の個人情報保護の責務を尽くすことができません。セキュリティ・マネジメントも不十分です。

IT社会の構築は必要です。しかし、有用性と安全、施策と責任がバランスをとって進められなければなりません。住基ネットはこのように、プライバシー権の構築、地方自治の本旨の理解と密接に関連する憲法上の重大な課題をもつシステムなのです。

ですから私たちは、自己情報コントロール権をさらに元気なものにしなければなりません。静穏や自己の情報のコントロールの自由を侵されないというだけではなく、個人情報を取り扱う国に対しては、個人情報やセキュリティ・マネジメント対策のために、国や自治体の施策を求める社会的権利、そしてこれを超えて、その制度に国民が乗り込んでいく、あるいは実際にコントロールできるシステム作りというようなものを構築していかないと対応できません。議論に参加したうえで納得して「やろう・やめよう」と決められる権利として、プライバシーを構築していかないといけないのです。

---

❾ ISMS Ver.2.0は、2002年に改訂されたBS7799をベースとして㈶日本情報処理開発協会（JIPDEC）が策定作業を進めている、情報セキュリティ・マネジメント・システム（ISMS）認証基準の最新版。

自治体とプライバシー保護

自治体の住基ネット離脱には法的な根拠がある

弁護士／日弁連情報問題対策委員会・コンピュータ研究委員会
藤原 宏高（ふじわら・ひろたか）

離脱は適法とした日弁連の検討経過

　日弁連自身は、住基ネットについては根本的に問題があるということで反対をしていて、2002年8月5日の稼動前に、この大きな問題点を世の中の皆さんに知っていただいて、大きな反対運動をしていけないだろうかということでいろいろ努力しました。自治体のみなさんの意見も聞くことが重要であると考えまして、自治体勉強会を何回もしました。その中で住基ネットの問題が理解できました。そして、自治体のみなさんの意見を受けて、法律的な検討を加えて意見書を発表させていただいております。

　今回は、最も根本的な法律論の意見書になります。日弁連としては、通常こういう形のものは出さないのですが、あえて出しました。総務省側は、住民基本台帳法上は接続の義務があるというように明記されていて、離脱は違法だと言っています。しかしよく考えてみると、本当にそうなのだろうか、大きな疑問がある。それが、あえてこうした形の意見書を出した理由です。

　日弁連は昨年（2002年）、郡山市で開催した人権擁護大会の第二分科会で「プライバシーがなくなる日」とのタイトルで住基ネット問題を取り上げ、私は住基ネットからの離脱は合法ではないかとの講演をしました。その講演も非常に盛況でした。そこでその後、かなり時間をかけて離脱の合法性について再度検討し、議論をした結果、12月20日の意見書になりました。

　結論として、現段階で自治体が独自の判断で住基ネットに接続をしない、あるいは接続した住基ネットから離脱するという判断をしたとしても、それは住基法には違反しない、合法であるという結論になっております。この結論を総務省に持って行きまして、担当課長と1時間ぐらい討論をしました。彼らはそんなことはないと言いました。「これを最後に決めるのは裁判所でしょ」と、僕が申し上げた

ら、総務省の方は絶句して答えられませんでした。

　つまり、彼らは自分が法律を解釈するものと思っていたのです。しかし、最後は裁判所が決めるわけです。僕らの議論は、最後に裁判所が合法と言ってくれる余地があるのではないか、とこういう意味であります。役所がいくら違法と言おうが、裁判所が合法と言えばやはり合法なのです。

住基法に定められた2つの前提条件

　住基ネットがどういうものかというのは、住基法の条項を詳細に検討しますと、大きな2つの前提条件があります。

　1つは、附則1条2項の定める、政府が行うべき個人情報の保護に万全を期するための所要の措置。2つめは、住基法36条の2に定められる市町村長が行うべき住民基本台帳事務処理に際しての住民票に記載されている事項の漏洩、滅失および棄損の防止、その他適切な管理のために必要な処置。

　この2つの前提条件が満たされないかぎり、住基ネットは本来動かしてはいけないという法律上の前提があると思います。

　政府の住基法上とるべき措置が附則として入ったのは、単に小渕総理が平成11年に思いつきで国会で答弁しただけではないのです。もっと根本的に、住基ネットを動かしたときに個人情報が侵害される危険性があるといえる確固たる理由があったのです。

　住基法上は、住民票コードのついた個人情報の民間利用は一応は禁止されているといわれています。しかし、よく住基法を読んでみると、禁止されているのは、住民票コードを含む情報が他に提供されることを予定されている場合です。ということは、入手経路がわからないけど住民票コードつきの情報が入手できた場合は、知らん顔して使うことはまったく適法なのです。まったくひどい話しですが、これが適法だということは一般にアナウンスされていません。つまり政府は、隠してきたといわざるをえません。

　なぜこれを処罰しないのかというと、処罰範囲の明確化の原則で、なんでもかんでも処罰することはできない、という言い訳を言っておりましたが、結論としては、入手経路不明でも住民票コードが入ったデータベースを取ってしまえば自分で使うことは適法なのです。

　ですから、いったん洩れてしまえば民間のどこかでこっそり使われるというのは当然の前提になります。そうなりますと、買いたい業者がいれば売る人もいま

す。また、処罰を恐れず洩らす人もいます。住基法上秘密漏えい罪があったからといって、決して漏えい自体がなくなるということではないのです。問題は、漏えいがあったとき住基法上では民間で利用されることが防げないのです。

これが制度的には根本的な欠点です。したがって民間に洩れたときを考えると、民間でも個人情報保護法を制定して、住民票コードつきの個人情報が勝手に一人歩きしないようにしなければいけません。そういう基本的なことがあったからこそ、小渕総理は国会で個人情報保護法が制定されることが前提だと言ったのではないかと考えられます。

オンライン化関連3法案によって急激に拡大するリスク

他方、住民票コードが入った基本6情報が住基ネットの中で使われることは本来の目的ではありません。本人確認情報と称して行政機関に提供されることが、本来政府にとってはいちばん意味があります。住基ネットで政府は全国民のデータベースを簡単に使えるわけです。当初、住基法上93の事務について使えるといったものが、昨年のオンライン化関連3法案で、いともたやすく264事務に拡大されました。いかに政府にとって都合がいいことかということです。

ところで政府のデータベースはどうなっているのかというと、従来から行政機関は個人情報をたくさん持っています。しかしそれは紙でした。各省庁バラバラでオンラインではありませんでした。だからそれが洩れるということはそんなに大きなリスクではありませんでした。しかし電子政府になったときに、それが全部オンラインで結ばれてデータベース化するとどうなるでしょうか、その危険性は従来の比ではないのです。そして、これに住民票コードがつくとどうなるのか、この危険性を前提にしてものを考えるべきであるというのが、日弁連の基本的な主張であります。

住基ネットがどうなろうが知ったこっちゃない役人

行政機関の利用する個人情報保護法政府修正案、民間の個人情報保護法政府修正案に対して、日弁連は2003年1月31日に意見書を発表し、2月3日に記者会見をしました。この意見書を総務省に持って行ったところ、個人情報保護法の担当官から「お願いだから『住基ネット』といっしょにしないでくれ」と「お願い」されました。もう絶句しました。思わず笑ってしまいました。これが政府の実

態です。つまり、やっている省庁はバラバラで、みんな住基ネットといっしょにされては困ると思っている。役人の気持ちはわかるけれど、あまりに正直すぎまして、全体の制度がどういうふうになるのかをもっと真剣に考える人がいなくてはいけないのでは、と思います。

　全体が動いたときにどうなるのかを本当に考えなくてはいけないのは、政治家であります。役所の役人のはずなのに、彼らは自分の分野だけやっていればいいという顔をしている。これが住基ネットの本質であります。

　個人情報保護法を作っている部門は、住基ネットが動いてどうなろうがそんなことは関係ない、という答弁になっています。

住基法36条の2から導かれる接続停止の合法性

　次に市町村の義務、これがひとつの根拠になったわけです。住民基本台帳法36条の2に「住民票又は戸籍の附票に記載されている事項の漏えい、滅失及びき損の防止その他の住民票又は戸籍の附票に記載されている事項の適切な管理のために必要な措置」をとると規定されています。これが第2の前提条件です。

　これはどういうことかというと、住基ネットに接続すると、自分の自治体の住民票データが住基ネットを経由してどこかに洩れてしまう。それと自分の役所の中から全国のデータが洩れてしまう。この2つがないようにきちんと住基ネットと接続する市町村は個人情報の安全性を守る責任があるという規定なのです。

　36条の2というのは、平成11年の住民基本台帳法改正によって住基ネットに関する規定が入ったときに、同時に新設された規定なのです。

　われわれの解釈の大きな根拠となった事実が実際にあります。昨年8月5日に総務省が住基ネットを稼動した直後に、ある自治体に対して「常時接続をやめてくれ」と指令を出しました。しかし、総務省が地方自治体にそんなことを命令できる根拠がどこにあるのかと、直接担当官に聞きました。そしたらまた答えられない。総務省としては「あまりに危険だったからやめてくれ」と言いたかったという話です。

　どうして市町村は常時接続をやめることができたのか。それは自分の自治体の住民票データを、CSサーバーを経由して住基ネットとつなぐと危険である、と市町村が判断したから常時接続をやめたのです。常時接続をやめるのはどうして合法なのか、これは36条の2以外に根拠がないのです。常時接続をやめるこ

とが危険だと判断する自治体もいれば、つなぐこと自体が危険だと考える自治体がいても当然です。ですから、今の政府が自分の責任を果たさない、民間に洩れたときの防護策もない、地方自治体の3分の1が個人情報保護条例すら持っていない、セキュリティの担当者もいないような悲惨な状態のなかでつないだら、自分の住民のデータが洩れてしまうと考える市町村がいても当然で、その市町村の判断は尊重されるべきなので、36条の2の適切な処置に十分当てはまると考えられます。

これが今日の結論で、日弁連としては現段階で住基ネットと接続しないという実際の判断が住基法36条の2によって十分適法と解釈できると考えた理由を申し上げました。

住基ネットを止めるヒント①──情報公開を求める

現在、住基ネットが止められるのか止められないかという混沌とした状態が続いておりますが、決してあきらめるべきではありません。

ヒントがいくつかあって、そのひとつは、基本6情報が政府にどのように提供されるかまったくブラックボックスになっている点です。

基本6情報が「一括提供方式」という形で提供されるということが、勇気ある自治体が総務省に文書で求めた回答の中に書いてあります。つまり、当該行政機関の持っている個人情報のデータベース、たとえば自動車の登録データベースであれば、そこに登録されているすべての個人について、住民票コードを一括してもらえるという意味です。一括してもらった役所はどうするのかというと、つけてしまうのです。従来のデータベースに住民票コードがつくのは当然です。

この点については、政府の個人情報保護法を担当している審議官ですら答えられません。政府のデータベースに住民票が勝手に使えることはないはずだと言いつつ答えられません。いかに役人すらだまされているかということです。

ですから、ここは世論の力で明らかにせよと、各省庁に対して情報公開をしたらどうでしょうか。つまり、264の行政事務は基本6情報をもらえるとされているのですから、個人情報は削除して、どういうもらい方をしているかだけ教えてください、と要求するのです。住民票コードというインデックスが入るということはまさに使いやすいのであります。日弁連は、このインデックス化していくことが防げないと考えるわけなのです。このことが大きな世論になれば、いかに危険な制度かということがよくわかる。これが最初のヒントです。

住基ネットを止めるヒント②──電子認証に使えるか

2番めのヒントは電子認証です。電子認証は認証機関に対して、電子証明書をもらった人が本当かどうか、そして電子証明書に書かれている事項に変更はないか、ということを確認します。電子証明書を受け取った行政機関が、それを発行した認証機関にリアルタイムに尋ねるわけです。

そのときに認証機関の持っているデータが古かったらどうなるでしょうか。電子認証のリスクからいったら、リアルタイムに正確でなくてはいけないのです。ところが今政府がやっている住基ネットを認証センターにしようという考え方は、自治体が遅れ遅れで個人情報変更履歴を全国センターに送れば、各市町村によってバラバラで何日遅れているかわからないのです。

そんなひどいもので本当に電子認証に使えるのかという根本的な問題であります。ですから、ここも大きくクローズアップしてください。

住基ネットを止めるヒント③──書き換え不能なカード

3つめのヒントは、行政ICカードで、住民票コードの入っているところはROM（リード・オンリー・メモリー）でございます。書き換えがききません。

したがって、ICカードをもらってその1週間後に私は住民票コードを変えましたといったら、そのICカードは捨てざるをえません。こんなしくみなのです。だからお役所の人にしてみれば、「あんなものは神棚にしまっておけ」と言わざるをえないのです。

住民が住民票コードを変えたいと思ったら、そのつど行政ICカードの再発行をしなくてはいけないことになり、お金がかかるのです。これも誰も知らないのですが、少なくとも自治体とすれば住民に行政ICカードを発行する際には、この問題を住民に説明すべきでしょう。

日弁連意見書および日弁連が実施した自治体アンケートの結果については、巻末「参考資料」中の『住基ネットQ＆A』を参照。

自治体とプライバシー保護

「個人情報保護」っていったい何だ？
地域での取組みにおける「情報主権」という課題

日本消費者連盟／反住基ネット連絡会
吉村英二（よしむら・えいじ）

　2003年2月15日に開かれた第2分科会「自治体への取り組み、地域での取り組みを広げる」には、杉並区・中野区・国分寺市・国立市の離脱自治体と選択制の横浜市のほか、東京から練馬区・西東京市・小金井市・日野市・東村山市、千葉から松戸市、埼玉からさいたま市・所沢市、西日本からは兵庫県の川西市・岡山県の佐伯町といった15地域からの報告があった。

　各地の活動は、①自治体への苦情や通知書の返上・受取拒否等の意思表示、②行政不服審査法に基づく異議申立、個人情報保護条例に基づく中止請求、住民監査請求等の請求・申立活動、③質問状等による行政交渉、④陳情・請願等による議会への要請、⑤学習会等の開催、街頭宣伝、市民アンケート等の住民への訴えかけといった取組みにまとめられる。そのなかでも、②の請求・申立活動が地域運動の核となっていて、自治体住民として住基ネットへの参加や情報提供、付番の是非を問い、一定の成果を上げている。たとえば、住民監査請求を行った東村山市では、「住基ネットへの接続は個人情報保護条例違反」とする監査結果を勝ち取っている。また今回報告はなかったが、逗子市では中止請求に関連して、個人情報保護委員が「住民票コードを抹消するよう努めるべき」などとする意見書を市長に提出している。

　それらの活動が一段落した現在、このような地域での取組みがどのような意味をもち、何を問いかけてきたのか、まとめてみたい。

本人不在の"個人情報保護"

　思えば、改正住基法自身が求めた「住民票コードの通知」こそが、実は地域運動の発火点だった。私たちは、あの通知書で住基ネットと出会ったのである。最初に通知書を見た瞬間、ストレートに湧き上がった感情――「勝手に番号をつけるな！」が地域運動のスタートだ。そして、その怒りのツボは、「番号をつける

な」よりも「勝手に」のほうにあった。もし、自分が事前に承諾したうえで番号が通知されてきたら、まったく別の感情をもったであろう。

　つまり、反住基ネットの地域運動とは、この「勝手に」の怒りを出発点とし、「勝手に」自分の情報をいじくり回す行政に対する抵抗をその核心とする。だから、地域運動の中心に、つねに「自己情報コントロール権」があったことは当然のことといえよう。自己情報コントロール権とは、「勝手に」自分の情報をいじくり回されない権利だからである。

　そして、各地域で繰り広げられた住基ネットvs自己情報コントロール権という闘いのなかで、実はかつてなく具体的に問い直されたのが、この国における個人情報保護のあり方だったのだ。

　象徴的なエピソードがある。筆者の地元で、市民グループが中止請求の手続に市庁舎を訪れたときのこと。手続の際、市民グループが呼んだ新聞記者の取材撮影をめぐって、制止する市の職員と市民グループでひとモメした。そのときの職員の言い分がこうだ。

　「この請求は個人情報保護条例に関わる行為なので、とくに個人情報保護に万全を期す必要があるからです」。

　彼らは、被写体本人ではなく役所に撮影を許可する権限があると考え、請求者本人が請求のもようをむしろ撮影されたいと望んでも、個人情報保護に万全を期すためには撮影を許可できないと考えたわけである。結局議論の末、何の根拠もない制止とわかり、撮影は続行されたが、図らずも行政という閉ざされた小宇宙での"個人情報保護"が意味するものを垣間見せる結果となった。

　本人不在の"個人情報保護"。これが、行政が考える個人情報保護のありようだ。このありようは、所沢市にかぎらず、全国の自治体、国においても基本的には変わらない。なぜなら、住基ネットこそが、この本人不在の"個人情報保護"を前提としているからである。

"漏えい"こそが真の目的

　異議申立や中止請求、または離脱の要望書などに対する自治体側の回答として、典型的なものが「『住基ネット』の個人情報保護は万全」という論点だ。

　それらは、利用目的の限定、目的外利用・漏えい・民間利用の禁止、これらに違反したときの罰則等が定められていることを挙げ、所定の範囲外に情報が漏れないよう規定されていることから、「十分な個人情報保護措置が講じられてい

る」として「個人のプライバシーや個人の尊厳を直ちに侵害するものではない」と主張する。このような主張はほとんどが総務省の指導によるものだが、このような回答によって、個人情報保護、ひいてはプライバシーの権利について、日本の行政には根本的な認識の誤りがあることが明らかになったといえよう。

　それは、個人情報保護とは、いったい何を"保護"することなのかという認識だ。それは、本来自己情報に関する本人の権利、すなわち本人の自己決定権を保護することであるはずだ。これこそが、いつ・誰に・どの程度、自らの情報を提供するかは本人に決定権があるという自己情報コントロール権の考え方であり、本来官僚が好きな"国際標準"の個人情報保護である。

　この考え方に立ったとき、"保護"された状態とはどんなもので、"漏えい"とはどんな状態を指すだろうか。「保護」とは、本人の意思を保護することであるから、個人情報の取得・利用・提供等については本人の同意が前提であり、本人が同意していない範囲で自己情報が取り扱われることがない状態をいう。「漏えい」とはその逆の状態であるから、本人同意のない自己情報の取扱いのことをいうのである。つまり、個人情報保護とは、単純に所定の機関や部署、担当者等以外に個人情報が漏れないことのみを指すのではなく、そもそも、その所定とやらを本人が決定すること、その機関や部署などでの取扱いには本人同意を得、本人が同意しないかぎり自己情報が取り扱われることがないようにするしくみをいうのである。

　本人が同意していない場合、いくら所定の範囲以外に情報が漏れていないとしても、それは"漏えい"状態であり、そのような自己情報に関する決定権への侵害をプライバシー侵害と呼ぶのである。

　この考え方に立ったとき、稼働直前にマスコミを賑わせた、「住基ネットは個人情報の漏えいの危険性が払拭されていないから実施を見合わせるべきだ」という"有識者"たちの論評も、実は根本的に誤りである。漏えいとは、本人同意のない個人情報の取扱いをいうのであるから、本人同意を得るしくみのない住基ネットこそ、自己決定権を侵害しているという意味で、"漏えい"を前提とし、"漏えい"を目的としたシステムなのだ。「漏えいの危険性が払拭された『住基ネット』」など、そもそもありえないのだ。

"セキュリティ"≠"個人情報保護"

　もう1点、このような"有識者"の論評も含めて、地域運動が問いかけた住基

ネットと個人情報保護の議論が明らかにしたものは、"セキュリティ"と"個人情報保護"がごちゃ混ぜになった日本の現状である。

所定の範囲以外、つまりネットワークの外に情報が漏れるか否かという議論は、むしろセキュリティの問題であって、それで個人情報保護に必要なすべての要件が満たされるわけではない。行政のいう「十分な個人情報保護措置」とは、ネットワークの外に情報が漏れないための措置のみを述べているのであって、単にセキュリティが万全であることを主張しているだけである（そのセキュリティについても、実はまったく万全とはほど遠いことは、本書45頁以下の「『技術』から見た住基ネットの欠陥」でも指摘されている）。

なるほどセキュリティも、個人情報保護に必要な要件のひとつではある。しかし、そのセキュリティについても本来、本人の自己決定権が侵害されないためのしくみとして議論されるべきだ。つまり、本人同意のない範囲で個人情報が取り扱われることを防止する、法的・技術的・人的な担保として必要な措置が講じられるべきものなのである。

セキュリティの側面からしても、そのような組立てがないことは、「住民票コード通知書」が一部を除いて世帯単位で送られたことが端的に表している。圧着式ハガキでしっかりガード（行政のいう万全の"セキュリティ"）した中身は、世帯全員の情報を記載。本人以外にも自動的に情報が漏えいするこのやり方は、ドメスティック・バイオレンスで苦しむ者に、深刻な被害と不安をもたらした。住民票コードが透けて見えたか否かよりも、それが"漏えい"にあたるという認識が行政になかったことのほうが、実は深刻な問題なのである。

情報主権を勝ち取ろう！

このように見てくると、「個人情報の保護に万全を期するため、速やかに、所要の措置を講ずるものとする」とする改正住基法の附則自体が、実はまったくナンセンスであったことが見えてくる。「個人情報の保護に万全を期す」ならば、住基ネットそのものが廃止されなければならないのである。

つまり、個人情報保護法が成立した後でも、あるべき個人情報保護を論拠にするならば、十二分に自治体離脱の可能性は残されているし、中止請求等自治体へ論戦を仕掛けるさまざまな戦術はいまだに有効である。各地域での展開を大いに期待する。

最後にひとつ、自らも含めて運動の側が反省すべき点をあげたい。

このような個人情報保護についての整理は、稼働の1年以上前、この附則を背景にした個人情報保護法案が提出された時点で、同法案の反対運動のなかでこそ行われるべきだった。または、住基ネット反対運動の側から、法案に対するそのようなアプローチを試みてもよかった（かくいう筆者も両方の運動に関わっていたという意味で責任が大きいのだが）。そのような出遅れが、いまだに住基ネットと個人情報保護法は別物との考えが国政の場で大勢を占める結果を招き、個人情報保護法案を廃案寸前まで追い込みながら、独自の個人情報保護法案提出という対応で、結局は原案無修正で衆院を通過させてしまった野党の失策を生み出す結果となっている。

　住基ネットを本当に止めるには、国会で住基ネット廃止法案を成立させるしかない。しかし、離脱自治体を増やしていくことによって、全国民参加という前提から覆すことは可能だ。極端な話、参加する自治体がなくなれば住基ネットは止まらざるをえない。

　住基ネットへの参加を問う地域運動は、行政における住民自治を問う運動でもあるが、同時に、情報化社会において情報の主権者は誰なのかを問う運動でもある。情報主権──これこそが、私たちが勝ち取らなければならない権利である。

　情報主権者として、反住基ネット地域運動を今後さらに発展させていくことを期待したい。

「現場」から見た住基ネットの欠陥

地域自治政府の観点から考える

練馬区改正住民基本台帳法問題研究会
江原 昇（えばら・のぼる）

「本人確認」はできないはずなのに

　練馬区で住基事務を毎日担当している立場から見ると、住基ネットは本人確認、電子認証のキーになるといわれていますが、あれは用語にごまかされていると思います。

　住所、氏名、性別、生年月日、住民票コード、その他の情報に本人確認情報というように名称がついていますが、あれは本人を確認するものではありません。「本人確認情報」という名称を使うことによって、あたかも住基ネットで本人確認ができるという仮構が作られています。

　たとえば、8月25日の第2次施行にあたっての政令が、つい先だって公布されました。それを見ますと、住民基本台帳カードの交付にあたって「本人確認をしろ」とは一言も書いてありません。総務省令で定める書類の提示を求め、住民基本台帳カードを交付しなければならない、となっています。おそらく総務省令には免許証、パスポートなどが掲示されるだろうと想定しております。

　つまり、私ども役所の職員は免許証が掲示されたら、それを本当に東京都公安委員会が作ったものであるかは別にして住基カードを交付することになります。つまり本人確認はしていないのです。私どもはそういう義務は負わない制度になっています。果たしてその住基カードをベースとした電子認証が本当に本人確認になるのか。本当の意味で本人確認をしようと思ったら、生まれたての赤ん坊の肩にICチップか何かを埋め込むようなことでもしないかぎりありえないわけです。

　そういう仮構のもとに全体が組まれているということを、今日の論点としてまず申し上げたいと思います。

政令によって明らかになった政府答弁の「うそ」

改正された住民基本台帳法施行令、いわゆる政令は、ひどい中身になっています。

ひとつには、政府がこれまで言ってきたことはまるっきり「うそ」だったということがいえます。「全国センターのコンピューターに記録する情報は6つの情報だけだ」、これは一貫して言っていることです。ところが今回カードの交付が始まります。誰がカードの交付を受けたのか、そのカードが無効になったかどうか、返したかどうか、そういったカードの管理に関わる個人情報を、各市区町村は都道府県に送ります。委任した都道府県は全国センターに送り、そしてあいまいな表現なのですが、全国センターからおそらく本人確認情報を提供される機関に対してこれらの情報は提供されるだろう、というのを政令で定めました。

これが認められるのであるなら法改正は必要ないです。どんな情報であっても事務上必要だからということであれば、6情報以上の情報を次々と蓄積し、そして提供していくということが可能になります。政府がこの間言ってきたことは、はっきり「うそ」だと言い切れる政令ができました。

また、先だって、全銀行に対してとんでもない通知が出ました。銀行がマネー・ロンダリングを防ぐために口座を作るときの本人確認に「住基コード」の通知書を使わせていたそうです。「その通知書のコピーを廃棄しろ、今後そういうことはするな」ということを全銀協は総務省からご指導をいただいて、こうなりましたと文章で流したそうです。

「住民票コードが民間に使われることが法律で禁止されています」というのは、まるっきり「うそ」なのです。

自治体を巻き込んでのごまかし

さて、これからが本論です。

住基ネットの問題を整理すると、ひとつは原理原則のところでどんな問題があるのかということだと思います。たとえば、全部番号をつけることにどんな意味があるのか、あるいは、データを吸い上げること、そしてデータを自由に使っていくという制度的な問題として、住基ネットがいかに自己情報コントロール権とはほど遠いところにあるのか、あるいは市民生活を送っていくなかでどんなメリッ

トがあるのか、という論点が、まず第1にあるだろうと思います。

　にもかかわらず、それだけではないことも大きな特徴なのです。たとえば総務省は、一貫して住基ネットは政府が管理するいわゆる国民総背番号制ではない、という言い方をしています。地方公共団体の共同のシステムであること、利用目的は法令等で明記されていること、集める情報がたかだか6情報だということを理由としています。

　そこにおいては、明確な「うそ」があるわけですが、その「うそ」の道具立てとして地方公共団体の共通のシステムだという仕掛けが入れられているわけです。あるいはこの8月からの施行にあたって、住民票がどこの自治体でも取れますとか、転入転出が多少便利になりますというようなお化粧を施しています。そうすると、そのお化粧なり、政府が管理する国民総背番号制ではないという理屈なり、そこに否応なく自治体が巻き込まれているということが問題になっていると思います。

　原理原則の問題で、政府がその立場で開き直ろうとするならば、直接政府が管理する国民総背番号制をやればいいのです。ところがそうはせず、そのことにお化粧を施しています。そのお化粧の道具として自治体が使われているというところに、2番目の問題があるのではないかと思います。

自治体の積み重ねを無視した一方的押しつけ

　第1次施行においては、自治体は完全に情報収集機関でしかないわけです。これまで自治体でやってきた住基事務、住民の台帳を作るという事務の本質的なことは変わらないわけです。そのなかの6情報だけを国に送るということが加わっただけです。

　ところが8月からの施行は、自治体が住民に対してやっているさまざまな事務のバリエーションになるわけです。住民票の写しをどこでも取れる、転入転出を簡単にするということです。

　たとえば、大阪市の今までの事務では、自分の住民票を取る場合でも請求事由を聞いて、答えない人には住民票の交付を拒否していました。答えられたら、請求事由からみて本籍や続柄の記載はいらない等の判断を窓口でしていました。これは部落解放運動のひとつの到達点だと思います。今まで大阪市内でしか出さないから可能であった処理が、大阪市民が練馬区役所に来て住民票の写しをくれと言ったら、本籍は法律の規定で省略になりますけど、続柄については

理由を聞かずに出してしまうということになってしまう。

　8月25日からはそういったコントロールのきかない窓口で、住民票の写しを出すわけです。それまで自治体で積み重ねてきた到達点はどこに行ってしまうのか。今まで私たちが自治事務、法律をベースにしてさまざまな工夫をして作ってきた中身を無視し、一方的に押しつけられています。

　さらに押しつけてくる手法もかなりいい加減です。

　システムを作っているのは地方自治情報センターです。もともと法律を知らないコンピューター屋です。そこは総務省からレクチャーを受けてシステムを作っています。総務省のレクチャーの中には、住民は法律に書いてあればそのとおりに守るのだ、とあるようです。届出期間は2週間以内と法律に書いてあるなら、2週間を越えて届ける人はいないとか、「うそ」の届け出をする人はいないとか、このようにシステムが組まれていてこれが実際に押しつけられています。

　ところで、地方自治情報センターのシステムが押しつけられる法的な根拠はありません。

　昨年（2002年）8月に施行された本人確認情報に関わる事務については、指定情報処理機関は都道府県・市町村に対しての援助をするという規定があります。しかし今年（2003年）8月からの転入転出の特例、広域交付、カード、こういったものについては、本人確認情報事務ではなく、指定情報処理機関の援助は規定には一切ないのです。ないけれど、システムは地方自治情報センターが作り、法律どおりにみんながやるという、とてつもない社会を想定したようなものが押しつけられています。それで「法律に根拠はないが、政令なり省令などに後からシステムにあわせて根拠を作り整合性をとる」と、総務省はと言っているわけです。

　ですから8月25日に向けて、個々の窓口対応においてさまざまな矛盾がいっぺんに吹き出してくると思われます。

錯綜している住基カードのタイプ

　そこにあるもうひとつの問題が住基カードの交付です。住基カードも8月25日から交付をすると決まりました。ところがカードについて3つの流れが出てきているのです。

　もともと総務省市町村課（旧自治省）と地方自治情報センターが開発したものが「Type-Ⅰ」というカードです。それまでは住基カードと言っていたものに、

「Type-Ⅰ」という名前が付きました。なぜなら別のものが出てきたからです。

　別のものが何かというと、経済産業省が推進してきた「IT整備都市研究事業」❶で使っていたICカード、これを「Type-Ⅱ」といいます。「Type-Ⅰ」カードのほうで各メーカーが準備をしていたところ、昨年の11月に急遽「Type-Ⅱ」が浮上してきたわけです。

　いったいどう違うのか？　「Type-Ⅰ」には、交付する市区町村の条例で定める業務として、地方自治情報センターが開発した6つの業務用アプリケーションが搭載できます。自動交付機、救急車で運ばれたときに自分の体の状況を消防署の人がわかるというような健康カード、それらは使い道のないものばかりです。

　一方、経済産業省が「IT整備都市研究事業」で開発したアプリケーションは、カードの基本仕様が異なるため、地方自治情報センターが開発したカードには搭載ができません。そこで「Type-Ⅱ」として、カードの基本仕様は自由にし、そのプラットフォームの一部に住基法で定める業務に使用できるアプリケーションを搭載したカードも住基カードとしてよい、という考え方が浮上してきました。

　カード業者のほうも、急遽の追加で製品が間に合わない。現在自治体には、各業者がいろんな形で売り込みに来ます。自治体も何がどう進んでいるのかわからないものですから、実は昨日、東京23区の担当者が集まって、業者を呼んで自主的な研修会をやりました。23区全部、担当者が80名くらい参加しました。

　3番目のカードは、12月に法案が成立した「公的個人認証」に関連したものです。このシステムは、総務省自治政策課と㈶通信放送機構という外郭団体が開発をしています。

　住基カードは、「Type-Ⅰ」「Type-Ⅱ」も多くのメーカーは32キロビット❷のカードで十分だということで、すでに見込み生産しています。ところが、電子認証の仕様は2月17日に出てくるということですが、どうやら32キロビットでは足りないのではないかという話です❸。

- -

❶通産省時代から実施されてきた、自治体の行政サービスを中心としてICカードの大規模な普及を図ろうとしてきた事業。「ITCITY」とも呼ばれる。㈶ニューメディア開発協会が実施主体となって、2001年度には全国で200万枚近くのICカードを配布して実験を行った。詳細はhttp://www.itcity.jp/ 参照。
❷「キロビット」は、記憶装置の記憶できる情報量を現す単位。32キロビットICカードの場合は、4,000字の英数字（日本語ならその半分）またはプログラムなどが記憶できる。
❸2003年5月時点の情報では、一部メーカーの製品を除き、32キロビットのICカードでも運用可能とのことである。

とりあえず8月25日からしばらくの間は、「将来（公的個人認証が始まっても それには）使えないかもしれませんよ」というカードを配る、「公的個人認証」を 使いたい人はそのときになって作り直すというような話になってしまうのです。

2003年8月25日施行は可能なのか？

昨年の8月5日の第1次施行にあたって、どんな内容でやるのかという政令は 一昨年（2001年）の8月15日に出ています。政令が固まってから1年間、いちお うの準備期間はありました。

ところが今回の第2次施行では、今年の8月25日に施行するというその施行 日の政令といっしょにこれを出したわけです。本当に間に合うのかなというのが 率直なところです。

政府は住民サービスとセットになっているといってフォローしています。どこ でも住民票の写しが取れることは誰にとっても便利な話ではないけれど、でも便 利な人はゼロではない、という言い方です。本人確認情報の提供が便利な人は ゼロだと思います。だけども、広域交付あるいはカードがもらえることは、多少 なりとも便利な人がいるわけです。そこを人質にとられて自治体は苦しんでいま す。

それではどこに着目して運動をやっていくのか。ひとつは8月25日の第2次施 行は無理だ、というように自治体がいえるかどうかです。

横浜市は「非通知」を選ばなかった260万人について、8月25日までに住基 ネットに接続すると発表しています。練馬区の人口の4倍です。それの半年間の 異動データが県サーバーに送られるわけです。たぶん潰れるでしょう。全国サー バーも動かなくなるのではないかと思います。

全国最大人口の市の半年分にわたる異動データが、いっぺんに全国センター に送られることになります。すでに接続市区町村から送信されているデータと の整合性の問題が、いっぺんに爆発するわけです。横浜市は接続すると言って いますが、それなら全国3,300の自治体に相談してからにしてくれと思うわけで す。

このような矛盾はあるし、その細かなところを突いていくことが自治体の攻め 方としてあるのではないかと思います。

地方自治の観点から捉え直す

ただし、あくまでも、最初に述べた原理原則の分野をどうするのかという観点を抜きにやっていくと危険な話になるのではないかと思います。個人情報保護法があればいいではないか、あるいはセキュリティがきちんと保たれればいいではないか、という論議に流されてしまう。たとえば、全国センターへの各省庁等からのアクセス・ログについても、いちおう都道府県にデータを返しますという話になりました❹。ある意味では非常に危険なやり方です。

というのは、264の事務に使うと言っているわけですから、264の事務に使われた名簿が都道府県に来るという話です。たとえば、私が共済年金をもらったかどうかというのは、共済組合のほうから江原のデータをアクセスしたよ、という形の名簿で東京都に来るわけです。これが悪用されたらどうかという問題があるわけです。4情報に限定された名簿だとしても、それが何の名簿なのか特定をされていれば、たいへんな危険な個人情報になるわけです。

それでも「アクセス・ログができたから大丈夫」とうちの区長は言うと思います。なんらかの仕掛けをしているからそれで大丈夫だと。しかし、その結果は、監視を強めていくという方向に実はなっています。総背番号制を自治体に転嫁していくやり方で進めていく以上、当然のことなのです。

これからの行動を考えるうえで大事なのは、やはり地方自治とは何か、という話だと思うのです。

私は、「地方分権」という言葉は最近使うべきではないと思うようになりました。もちろん戦略的、戦術的にはどんどん使っていくべきだとは思いますが、自治体というのは本来、地域の自治政府であるべきだと思います。

その権限の源泉は地域住民にある。国になんらかの権限があるのを分けてよこせというものでは本来ないのです。中央政府からの分権ではなく、本来的に住民のなかから出てくる地方政府に対する信頼関係と、これをベースにしてあるのが地方自治だと思います。その観点に立てば、住基ネットは存在できないはず

---

❹住民基本台帳ネットワーク推進協議会（全自治体が参加している住基ネット運営の名目的な主体）の文書「本人確認情報提供状況の開示について」によれば、「指定情報処理機関は、全国サーバーの新たなアクセスログが生成されるごとに、住民の居住地の委任都道府県知事に対し、当該ログを住民基本台帳ネットワークシステムを経由して送信する。なお、指定情報処理機関は、当該ログを送信後ただちに消去する」とされている。http://www.soumu.go.jp/c-gyousei/daityo/pdf/030207_1_5.pdf 参照。

です。

　ただ、いったん接続という方向に走ったときの杉並の山田区長も言っていましたが、地方政府の長であるとともに、行政の執行官としての立場もあるわけです。

　第1に、原理原則として地方自治というありようとはなじまない住基ネットであるということ、そして第2に、執行官としての立場から見てもきわめて矛盾の多い、自治体に負担を転嫁するというやり方であること、この2つはいえるわけですから、第1の立場に立ちきれないとする首長であったとしても、8月25に向けていえば、第2の立場からも問題だということをいえると思います。

　矢祭町長が住基ネットの接続を拒否しているそのことだけではなく、町村合併に応じないと言っていることにも着目すべきだと思うのです。今、住基ネットでガタガタにされているところもあるのですが、町村合併もセットなのです。広域交付なり、転入転出の特例なり、電子政府なり、いろんなものが住基ネットの絡みでいっているわけだけれども、全国を1,000の自治体にしようとか、大きな自治体にしていくのだ、と言っている町村合併の動きとセットになっているわけです。これは自治のあり方を問われているのだと思います。

「現場」から見た住基ネットの欠陥

住基事務の現場から見た住基ネットのシステム的な問題

自治体職員／コンピュータ労働研究会
仲埜 滋 (なかの・しげる)

● 自治体担当者によるCS端末の使い方

　東京の区役所の職員をしています。CS端末の操作・運用をやっている人はこのワークショップ参加者のなかにはほとんどいないと思うのですが、今のところは各役所に1人ずつくらいだと思います。CSサーバーそのものは業者が動かして、何台かあるCS端末は、いわゆる「操作員カード」(ICカード)を入れてパスワードを入れないと住基ネットのデータベースに触れないというしかけになっています。私の区では私がほぼ1人でやっています。

　住基ネットのCS端末は、主要に住基ネット上の本人確認情報の検索、閲覧を行う端末ですが、どういう場合に使うかというと、ひとつは国外からの転入の場合です。

　今までは、最終住民登録地を確認するために戸籍の附票を持って来ていただくか、それがない場合は電話で戸籍地に最終住民登録地の確認をしていました。あわせて住民票コードがふられているかどうかも確認しなければなりません。2002年8月5日以前から日本の外に住んでいれば住民票コードはふられていないから、出生と同じように新たに住民票コードをつけなければいけないのですが、前にいた町でコードがふられていて日本から一度出てまた戻ってきた場合は、前の住民票コードを使わなければなりません。そうでないと、別人として全国センター(住基ネット全国センター)のデータベースに存在することになります。

　本来的には、こうしたことを調べるためにCS端末があるわけで、端末から名前とか住民票コードを入れれば、データは引き出せます。だから、セキュリティ上問題がある電話などを使わなくても、住基ネットの番号はわかります。したがって、住基ネットの端末を操作することは、通常の住民基本台帳事務[1]にも必要です。

避けられないデータ不整合

　こうした使い方をする住基ネットにはいろんな問題がありますが、ここでは、内部的な話として、データの不整合の問題を指摘しておきたいと思います。

　うちの区は住基ネットの運用をよくやっているほうなのですが、それでもこのデータ不整合はかなり出ています。だから、ほかの自治体でも出ているのではないかと思います。ただ、この不整合は無視しても、2次稼働で住民票の広域交付が行われるまでは問題は表面化しません。だから、各自治体もあまり関心を向けていないのではないかと思います。

　昨年（2002年）の9月以降、全国センターからも「データ不整合に対する暫定処理」といういろいろな処置方法の文書が来ています。たとえば「現在、システムの使用、窓口業務における誤入力等により、本人確認情報の付随情報および追記情報の正確性に問題が発生しております。このことに関しシステムとして対応可能となるよう機能の修正を予定しておりますが、システムの修正には相当の期間を要するものとなります」とありまして、暫定処置ということになるわけです。

　自分のところの「既存住基システム」なら、データ不整合があっても直接コンピューターを操作できる人に頼んで直してしまうことができたわけですが、住基ネットの場合はCSサーバーのソフトは絶対にいじれないし、CS端末の操作もほかの人には頼めない。で、データ不整合が出たときには修正機能が十分ではないため、非常に直し方がたいへんです。それでたまっていくという話になります。全国センターが提示している具体的な暫定処置も後ほどご紹介しますが、住民基本台帳そのものを作り替えたり、かなり複雑な手順で住基ネットのデータを操作するために、更新履歴が実際の更新とはかけ離れてしまうなど、たいへん問題の多いものばかりです。

　「住基システム」では、各自治体に1台ある「CSサーバー」の中に、まずデータベースがあります。このCSサーバーから都道府県に本人確認情報が通知されるのですが、それは「都道府県サーバー」にあるデータベースに送られるということ

---

❶通常の住民基本台帳事務は、市町村が独自に導入した「既存住基システム」上の住民票（原本）データに対して行われる事務。「既存住基システム」は住基ネットから独立して運用され、住民票の新規作成、記載事項の変更、転出などによる消除などがあると、その異動データが同じ自治体内に置かれている住基ネットのCSサーバーに自動的に送られる。

です。さらに、全国センターにもデータベースがあって、都道府県サーバーから本人確認が送られてきます。データベースが3つある。

　実は、その大元になるのは各自治体の「既存住基システム」のデータベースなので、全部で4カ所（4階層）に（同じ情報を持っているはずの）データベースがあるわけです。

　このような多元的（多階層的）なデータの持ち方は、データベースのあり方としてはたいへんおかしなものです。こんなことをやれば、それぞれのデータに「ずれ」（不整合）が必ず起こるわけですね。

　ものすごい「ずれ」が出たときに直すのがたいへんだと思って、全国センターに指摘したことがあるのですが、向こうとしては「分散型システムにしたいためにこういう形にしている」ということだそうです。でも、どちらかというと、こういうシステムは昔風の「ハイアラーキー」（中央集中一元管理型）なデータベースのほうがいいと思うわけです。

データ不整合の原因①──文字コードの違い

　データ不整合が起こる直接の原因ですが、ひとつは去年の8月に本人確認情報を全国センターに持って行ったときに文字コードの対応表、「統一文字コード」への「文字コード変換テーブル」の設定に誤りがあったことです。

　JIS（日本工業規格）で定められている文字コード（JISコード）には、1978年のものと1983年のものがあって、文字の構成が違っています❷。78年から83年の間に漢字化したところは、たいていJIS-78コードでみんなの名前を持っています。83年以降に導入されたシステムはたいていはJIS-83コードです。統一されていません。

　住基ネットの「統一文字コード」はUnicodeを拡張して使っているのですが、各自治体の既存住基システムの文字コードは自治体ごとにバラバラのままですから、自治体ごとに「文字コード変換テーブル」を作成して「統一文字コード」に変換することが必須になっています。ところがその「文字コード変換テーブル」を厳密に設定することはたいへん困難で、うまくいってないのが現状です。その結果データ不整合が発生します。

---

❷文字コードは、日本語の1字1字に独自の「番号」を付けたもの。JISコードのほか、シフトJISコード、EUCコード、Unicodeなど複数のものが混在して利用されているのが現状。同じ文字コード体系でも、JIS-78コードとJIS-83コードのように改訂年などによる違いを含む場合も多い。

また、メーカーによって字形が違うという問題もあります。私たちは自分の名前を字の形で覚えていますので、コンピューター上のデータは同じだといっても、字の形が違えばご本人は納得してくれないわけです。自分の名前の文字のはねがほんの少し違っただけで、これは自分の名前ではないのでなんとかしろ、というわけです。

そのため、住基ネットでは「統一文字」(字形)を定めました。この「統一文字」なんですが、文字数は２万字以上あります。しかしそれでも、自治体が独自に外字を作成しているところでは「統一文字」にない文字(字形)を持っているところもあり、「統一文字」だけでは対応できません。住基ネットでは、そのような「統一文字」にない文字については、「イメージ外字」というものを使います。

住基ネットを構築する過程で、どの文字が「イメージ外字」になるかを、「既存住基システム」上の文字について１文字ずつ同定するという作業を各自治体がやりました。ものすごい作業量です。当然、間違うこともあります。別の文字なのに同じ文字として扱われていたりする場合もあります。

その結果、「既存住基システム」と住基ネットの間で文字コードの違いが生じました。そうすると、データの不整合が起こります。これは、人の名前だけではなくて、建物の名前とかマンションの名前などの違いとしても現れてきています。

データ不整合の原因②――誤入力

その次に起こりうるのは窓口での誤入力です。まず考えられるのは住民票コードの取り違えです。

住基番号は11桁で、頭10桁がランダムで終わりの１桁がチェック・デジットといって、頭10桁の数字から関数を使って最後の１桁を割り出します。でたらめに番号を入れてもチェック・デジットが違うとエラーになるので入力できません。誤入力を防いでいるわけです。ですからそんなに誤入力はないだろうと全国センターは言っていたのですが、同じ世帯、たとえば５人世帯の１番上の人と２番目の人は住民票コード自体はそれぞれチェック・デジット上適切な番号ですから、それを取り違えるとどちらも入ってしまいます。こういうことは必ずありうるだろうと思います。

双子の名前を取り違うとかはありうることです。それは仕方がないことで、それを直すしくみをもっていればいいわけです。ところが、この番号取り違えのデータが住基ネットに入ってしまうと、簡単には直せません。

動けないお母さんと行方不明の子ども?

「既存住基システム」にこのような間違えたデータを登録した場合、このデータが住基ネットに送られて、データ不整合だけでなくいろいろな問題を起こします。

たとえば、お母さんと子どもさんがいて、お母さんのコードが10番、子どもが20番とします。この家族が転居してどこかの自治体で転入手続をしたとき、「既存住基システム」上でお母さんのコードは正しく「10番」で、子どものコードは間違えてこちらも「10番」で登録したとします。

子どものデータが「10番」で住基ネットに送られると、当然、B市で転出とされた「20番」の子どものデータは変更されません。以前から「10番」で登録されていたお母さんのデータが、子どものデータで書き換えられそうになるのです。生年月日や性別が異なるデータが転入で送信されると、これはおかしなデータ変更ですので、当然エラーになり転入処理は実行されません。そうするとお母さんの「10番」のデータにロックがかかります。お母さんのデータはロックされて、それ以上修正できないというしくみになっています❸。

この状態だと、既存の住民基本台帳(「既存住基システム」)で見れば、転入したA市にはお母さん(10番)と子ども(10番)がいて、転出したB市にはお母さん(10番)と子ども(20番)の除票があるという形になります。

しかしこれを住基ネット側から見ると、B市(CSサーバー)にはお母さん(10番)と子ども(20番)の除票があって、A市(CSサーバー)にはお母さん(10番)がいる、都道府県と全国の「10番」はB市のままでロックされている、ということになります。一方、子ども(20番)はB市にいることになっています。B市で転出したけれど、まだどこにも転入していない。つまりA市のCSサーバーには「20番」の子どものデータはなくて、転入していない。しかしお母さんはA市に転入している、という状態です。

この状態をなんとかしないと、お母さんが今後引っ越したり名前が変わったりしても、ロックされているからデータは更新できません。子どもについてもB市にいることになっているわけですから、必ず問題が起こります。

---

❸ロック解除は市町村からはできない。都道府県に文書で依頼し、都道府県サーバーの管理者に手作業で解除してもらう。

ところが、同じ都道府県の中だと、全国センターのサーバーはこのような問題に気がつかないので連絡してこないのです。全国センターは都道府県をまたがったエラーしかわかりません。都道府県のサーバーは自分のところがわかっているのかは連絡してきません。都道府県サーバーはエラーを抽出する機能を持っていないか、そういう点検処理をしてないのか、実情はわかりませんが。

　このような状態を直したければ、転入を受け付けた自治体（A市）の「既存住基システム」上のデータを修正して、子どもを「20番」にすればいいのですが、住基ネット上ではそう簡単ではありません。

　子どもを「20番」に修正するための電文送信機能はCSサーバーも持っているのですが、A市のCSサーバーは子どものデータを持っていない（エラーが起きたデータなので登録されない）ため、ないものは送れません。ここで新規で作ればいいのですが、CSサーバーには新規でデータを作成する機能がないので作れません。

　「既存住基システム」にはすでに、転入後「20番」に修正された子どものデータがあるので、もう一度転入処理を行うことはでません。このため正しい子どものデータ（20番）をCSサーバーに送ることもできません。

　現在の住基ネットの修正機能では、このようなデータ不整合は解決できないわけです。

　全国センターの文書には、将来こうした問題に対応するための機能を実装する予定だと書いてますが、現在はできない。新たに機能を追加するとしても、全国のCSのプログラムを書き換えるわけで、これは大変な作業のため実際どうなるかはまだ見えていません❹。

　あと、ロックを解除しないとお母さんの引っ越しなどに対応できないわけで、これも解決しなければならない問題になっています。

　こうした問題に対応するのが、全国センターから送られてくる文書にある「暫定処置」なのですが、たとえばこの例の場合ですと、「既存住基システム」上にある子どもの住民票を職権消除し、新たに正しく「20番」の子どもの住民票を作成して転入処理をする。その結果住基ネット上の子ども（20番）のデータも転入として記録されます。そのあとでお母さん（10番）のロックを外す、そういう手順になります。

　むろん、こうした実際の転出入処理とは異なる手順を使ってデータ不整合の

---

❹2003年3月18日付で、住基ネットには修正機能が追加された。本稿末尾の「報告者追記」参照。

修正を行うと、「既存住基システム」上や住基ネット上に、本来の「更新」の内容とは異なる更新履歴（住基法では「変更事由」）、つまり実際には発生していないはずの更新履歴が残されてしまうという問題が新たに発生するわけです。また、住基ネット上のデータ修正だけのために、「既存住基システム」の住民票（原本）を職権消除できるのか、という問題もあります。

データ不整合の原因③──国外や不参加自治体からの転入

　もうひとつのデータ不整合の例ですが、国外からの転入とか、杉並区のような不参加自治体からの転入です。2002年8月5日現在、住民登録があった人は、その自治体で住民票コードがふられているはずです。その後、国外転出して帰国した人については、戸籍の附票（住所の履歴が載っている）の日付でコードを持っている人かどうかがわかるのですが、杉並区からの転入者は、転出証明書に住民票コードがないため、間違って新規で付番することがあります。

　住基ネットの中ですでに番号がふられている人をAさんとして「01番」という番号を持っていたとします。Aさんがある自治体から国外に出た。Aさんが戻ってきたときに「01番」があるにもかかわらず、新規だと思って「02番」をふってしまいます。そうしたときに、当然後になって間違いだと気づいた場合どうするか。

　全国センターの暫定処置に書かれている手順は、ここでも「02番」となっている「既存住基システム」上のデータ全部（その人の住民登録）を職権消除して、新たに「01番」の住民登録票を作る、となるわけです。もちろんこれは本来の住民記録事務からは発生しない事態です。住基ネットのデータの入れ間違いなのに「既存住基システム」の情報（住民票の原本）を職権消除するというのは筋が違うのではないかと思います。

データ不整合の原因④──短期で転出入が繰り返された場合

　4つめのデータ不整合の原因は、同じ2つの自治体間で短期間に転出入を繰り返した場合です。

　たとえば、12月24日にA市からB市へ転入すると、B市はA市に転入通知を郵便で送ります。住基ネットでは、この転入通知に基づいて通知確認処理をすることで転出が確定することになっています。この転入通知がA市に届いて処理されるのが、たとえば1月10日とします。

ところが、その間に同じ人が、たとえば1月6日にB市からA市の前住所に再び転出入する手続をするとどうなるでしょう。実は、こうした短期間での転出入を繰り返す方は、けっこうおられます。
　住基ネットは、同じ住民票コードでデータ・コントロールしますから、同じ人と認識します。この順番でいくと、A市に再びの転入があったのは1月6日ですが、A市がはじめの転出を住基ネット上で通知確認する以前にA市への転入があることになります。住基ネット上ではふつうの転出は予定転出と考えられて、通知確認処理以前に転入処理はないと想定されています。そのため、1月6日のA市への転入の後にB市から以前の通知確認が届くと、転出データが入ってしまい、A市で転出したことになってしまいます。このため、次にA市でこの人に異動処理をすると、住基ネット上では転出しているとみなされているため、この人の住基ネット上のデータにはロックがかかってしまいます。
　ロックがかかるから、この人の異動はそれ以後住基ネットに反映しなくなってしまいます。これは、ロックを解除して履歴の順番を変えないといけないわけで、修正はたいへん手間のかかる作業になります。

全国センターはデータの整合性を管理できない

　今、住基ネットの中ではこのようなことが起こっています。
　うちの役所でも、かなりの件数の不整合を抱えていますから、全国ではかなりの数があるのではないかと思います。したがって、リアルタイムで使うには精度の低いデータベースではないかと思います。だから公的個人認証にこの住基ネットのデータを使うとすると問題があると思います。
　データ不整合の修正について電話で全国センターに問い合わせをすると、巧妙な修正手順の答えが返ってきます。手間はかかるけど、たしかにそうやればデータ不整合は修正できる。しかしこれをやると、住基ネットの更新履歴はおかしなことになるし、あるいは住民票の原本を修正のために職権消除するようなことになります。やっていいかどうかという問題はあるのだけど、少なくともこういうやり方をすればなんとかなる、というわけです。
　要するに、全国センターの考え方では、自治体は自分たちの裁量で住基ネットをいじってもいいと言っているわけです。更新履歴については、全国センターはその整合性をほとんど考えていません。本人確認情報の最新状態がよければいいという考えのようです。だから更新履歴はあっても意味がないのかと思って

います。

　住基ネットに、こうしたデータ不整合に対応できる修正機能を整備すれば、それぞれの自治体で「修正電文」を作って送ればよくなります。しかしそうなると3千何百の自治体から全国センターのデータがいじれるようになるわけで、これはやはりおかしいことです。修正できるということは、逆に、データ自体が各自治体の端末から恣意的にいじられる可能性が発生するわけです。

　データをいじらせないようにするには、全国センター側から自治体のデータを定期的に吸い上げてマッチングをかけ、整合性を維持しなければなりません。これはかなりの作業になり、全国センターの方で整合性を維持するのはなかなか難しいと思います。

住基ネットに追加された修正機能（報告者追記）

　その後、全国センターからCSサーバー・CS端末用のプログラムの修正版がCD-ROMで送られてきまして、データ修正を可能にする機能が実装されているので3月にパッチ・プログラムを当てるようにとの指示がありました。

　実際にこの修正機能を使ってみると、とりあえず誤入力などによる修正はCS端末からある程度柔軟にできるようになっています。また、データにロックがかかっても、都道府県サーバーや全国サーバーの管理者に解除を依頼することなく、自治体からの操作で対応ができるようになっていました。

　ようやく全国センターも、データの整合性を保つことの難しさに気づいたのでしょう。少なくとも、これから発生する誤入力の修正には有効だと思います。

　しかし、報告の中にもありますが、こうした修正機能が追加されたということは、自治体が自分たちの裁量である程度まで住基ネットをいじってもいいということになるわけです。また、今回配布された修正機能だけで十分かどうかは、ある程度時間が経ってみないとなんともいえません。

「現場」から見た住基ネットの欠陥

住基ネットは使えない
自治体現場報告をめぐる討論

白石(司会) お二人の話はたいへんテクニカルな報告だったのですが、社会運動をしてきた私の立場からひとことコメントさせてください。

　日本では戦後、GHQの政策でできるだけ政治的な分権を進めていこうということで、「住民登録法」そして「住民基本台帳法」ができたわけです。これは一貫して、地域の住民サービスの制度なんですね。だから自治体で住基事務をやっていた。もともとが、住民サービスのための居住者の管理であって、本人確認とか国家による国民管理ではない。ところが今回の住基ネットで、その情報を国家が自治体から吸い上げたわけです。

　国家と自治体とでは目的が違うわけで、それぞれ別々であるはずのシステムなんですが、それをむりやり統合した歪みが、ここに出てきている。お二人の報告はそういう話だったと思います。

　韓国の住民登録法の場合は、市町村で事務はやっていますが、総務省に相当する韓国の「行政自治部」が一元的に運営している中央集中的なシステムなので、こういう問題は起こらないのです。いい悪いじゃなくて、本来、中央集中的な形でやらなければうまくいかない。だから日本では、こういうテクニカルな問題が次々と発生して、たぶん永遠に矛盾が繰り返されるのではないかと思います。

実態調査はほとんどしないで設計した住基ネット

西邑 修正処理がたくさん来るとサーバーが止まってしまうというお話でしたが、それは、データ不整合などが多様なケースでたくさん発生していて、それに対応するには手作業でデータベースを直接操作するやり方に頼らざるをえなくなる、それで止まってしまう、ということですか?

江原 そうですね。

西邑 ということは、住基ネット設計の当初の段階で、そうした問題が起こる可能性を洗い出したり、それに対応できる機能をどう作るのか、といったシステム分析をやっていないということなんでしょうか?

江原 Q&Aの形式で地方自治情報センターにはいろいろなケースについて質問を出しているのですが、すごい回答が返って来てるんです。先ほどのお母さんと子どもの住民票コードの入れ違いの場合だと、番号を修正するのじゃなくて、「住所・氏名・性別・生年月日を変えろ」と言ってるわけで。システムとして対応できていませんね。

稲垣 この問題は、ネットが本来狙いとしてるものが何かを、端的に表していると思います。つまり国が使いたい一元的なシステムを、自治体が操作するシステムにしちゃったからこういう問題が起こってきている。

　設計段階でも、当然ユーザーのニーズをどう反映するかという議論があってしかるべきですね。ところがこのシステムというのは、いつの間にやらできあがった。たしかにシステムの専門家は入っているのですが、住基事務の実態を各自治体からアンケートで吸い上げたというプロセスがないですね。経済産業省がやった実験の結果は持ってきているのかもしれませんが。

　そうすると、住基事務の実態——どういう問題がどういう頻度で起こるのか、あるいはいっせいに実施しなかったらどういう問題・被害が起こるのかということを、設計段階で調べていなければならない。必ず知っているはずなんですね。ところがそれをやらなかった。実際、現場は聞かれてないでしょう？

仲埜 実際には3つくらいの自治体の吸い上げでやったようですね。その町は比較的小さな町で人の異動が少ないから、こういう問題が起こっていないんですね。だからわからない。

江原 都内でも、ある区から設計段階の検討に参加しているのですが、その人に聞くと「吸い上げ」じゃなくて、「資料をどんと配られて『今度の会議はこれで流しますからよろしいですね』で、吸い上げたことになっている」のだそうです。

論理的に推論可能なシステム分析もやっていない

西邑 先ほどの仲埜さんの説明にあったようなデータ不整合の問題というのは、たかだか履歴を含めても6情報なんで、それの誤記その他の問題が、システムのどこに送られてどんなデータ不整合が起きるかなんてことは、考えられる組み合わせをマトリックスを書いて分析すれば、大部分は論理的に洗い出せる。後は問題の発生頻度を現場に聞けばいいわけで。

　そんな単純なことすらしていないシステム分析・システム設計だったということなんですね。

江原　そう思います。
西邑　反対運動として、その程度のことすらやってないシステムだと言っていい？
江原　かまわないです。自治体側からいろいろマトリックス的な質問をあげていっても、回答は返って来ないか、あるいは先ほど言ったような突拍子もない回答しかないですから、事前の調査みたいなことはまったくないと思いますね。

　もうひとつ例を挙げますと、「2002年の8月5日までに転出した人は、転出先で付番します」と法律には書いてある。ところがもうひとつ法律には「転出届はあらかじめ提出すること」とも書かれているわけです。では、8月5日を過ぎて、つまりすでに住民票コードを付番されてから、それ以前の日付で転出した人が届けを出した場合どうするの？という問題になるわけです。当初の地方自治情報センターの指示では、「付けられた住民票コードはいったん消して、転出先の自治体で付け直せ」というものでした。これってシステム的にできないんですね。だからそういって問いつめたところ、地方自治情報センターの担当者はなんと言ったか？　「法律には、転出届はあらかじめ出すと書いてあるでしょう！」なんです。

リスクや事故への対応もされていない

稲垣　システム分析をやるときに法律をベースにするのは原則だからいいとは思うのだけど、法律どおりに作るのはプロの仕事ではありません。そこには、典型的に予想されるリスク、誤入力とか虚偽の申告とか、過去の転出の届けとか、短期間での転出入の繰り返しとかがある。システムを作って現実の生身の人間を乗せるわけだから、そこにはいったいどれほどの例外事象が発生するか、それに対処するのに手作業でやれというべきなのか、あるいは対処するための機能をシステムに載せなければいけないのか、そして仲埜さんが指摘したように下位である自治体がシステムをいじれるようにするのか——その選択をしなければいけなかった。こんなのは典型的なことで、予想もできるし、自分でシミュレーションをしてみればわかる話ですよね。だけど、システムを構築する段階で、法律は反映させたけど現実の調査はほとんどしていない。法律に反する例外的な事象、あるいはリスクをシステムにどう反映させるかという発想は技術者にはある。でもその調査ができていないんです。

西邑　そういう設計段階の詳細な分析、調査があって、それをシステムに反映するから、システム構築にはお金がかかるんですよね。それがなかったらそうとう

安くできるはずなんです。

「公的個人認証」に住基ネットは使うのか？

藤本（会場から）　基本4情報の信頼性なんですが、先ほどの話だと、データのインテグリティとしてはけっこうボロボロなものが出てくる。でも、これから公的個人認証❶が行われるときに、そのベースとして今の住民基本台帳（「既存住基システム」）が使われるということはあるのだと思うのですが、住基ネット自体と「公的個人認証」はリンクするのでしょうか？

仲埜　先ほどの江原さんの話と私の理解は違うのですが、住民票（「既存住基システム」）で本人確認をして、住基ネット自体は本人確認には使わないと理解しています。ただし、死亡したり名前が変わったりしますから、本人確認の「異動情報」を認証局に送るものは必要なんですよね。

江原　電子認証機関は、例の法改正のときに本人確認情報の提供機関に入ってますね。

仲埜　そうなると、住基ネットと関係してきますね。でも、先ほども言いましたが、住基ネットの異動情報がリアルタイムで信頼できるかというと、信頼できませんね。

---

❶電子政府関連3法のひとつとして2002年12月に成立した「電子署名に係る地方公共団体の認証業務に関する法律」に基づくサービス。住民票に基づいて「電子証明書」を発行し、インターネットを通じた国や自治体に対する「電子申請」の本人確認に利用する制度。本人確認は市町村の窓口で住民票をベースとして行い、電子証明書の発行（認証局業務）は都道府県が行う。ただし都道府県は認証局業務を指定情報処理機関に委託できることになっている。この指定情報処理機関は、住基ネットの全国センターを運営している機関ではないと総務省は表明してきているが、具体的な委託予定先は明らかになっていない。法律が制定されただけの制度なので、詳細についての情報は非常に少なく、どのような運用がされるのかわかっていない部分が大きい。

「技術」から見た住基ネットの欠陥

技術的視点から見た「電子政府」の問題点

JCA-NET／反住基ネット連絡会
西邑 亨（にしむら・とおる）

　私自身は技術屋ではありませんので、技術として厳密な話ができるわけではありませんが、ここでは"技術寄り"という意味での技術的な視点から見た、「電子政府」の問題点について、整理してみたいと思います。

最新の技術で作った古い形のネットワーク・システム

　住基ネットを構成しているネットワークだとかコンピューター、周辺機器、あるいはそれらを動かしているソフトウェアといった要素技術は、インターネットの技術です。あるいはパソコンの技術を使っています。要するに、最新の分散開放型ネットワーク・システムで使われている要素技術そのものです。

　また、住基ネットのオーバートップ・レベルの位置にある「霞ヶ関WAN」をはじめとして、地方自治情報センター（全国センター）、各都道府県、そして市町村のそれぞれのレベルでコンピューターを動かして分散処理をやっています。

　情報の開放性ということでいえば、住基ネットは非常にクローズドに見えますが、「霞ヶ関WAN」（省庁）の事務処理に対して情報を提供しているし、都道府県の事務処理に対しても情報を提供していて、情報的に開いています。そういう意味で、住基ネットが「分散開放型」ネットワーク・システムであることははっきりしています。

　ところがもう一方で、「電子政府」（住基ネット）が採用している技術思想、つまり技術に対する考え方は、大型コンピューターが使われた時代、昔の中央集権型システムの時代のものです。

　住基ネットのネットワークの構成は、典型的なヒエラルキー構造です。システムは非常に閉鎖的で、セキュリティがどうなっているかは秘密。システムの構築手順はトップダウンで、システムの運用もトップダウン。総務省の指示とか指導がなければ何もできません。システム上で利用する個人情報は、強制登録で収

集に本人は関与しない。プライバシー保護は全然なくて「セキュリティが守られればプライバシーも守れる」と考えている。これらは中央集権型システムの典型的な考え方です。

こういう中央集権型システムが採用してきた技術に対する考え方——技術思想が、分散開放型ネットワーク・システムの要素技術で構成されている住基ネットに覆い被さってしまっています。

そこで何が起きているかというと、セキュリティ的に脆弱であることを免れていないということはひとつあるのですが、もっと重要な問題は、プライバシーがぜんぜん保護されないということです。住基ネットにかぎらず、「電子政府」全体において、技術的視点から見れば、プライバシーが保護されることを期待することはできません。

別な言い方をすれば、監視社会のインフラとして「電子政府」が機能してしまい、歯止めがないということです。プライバシーの危機です。

「電子政府」の自己矛盾が招く問題

「電子政府」の自己矛盾が招いているクリティカルな問題について、もう少し詳しく見ていきます。

まず、「電子政府」は、実用上許容できるセキュリティ強度をもっていることを検証されていない、という問題があります。

どういうことかというと、セキュリティに関する情報が公開されていないので、誰にも検証できないということです。「大丈夫」とは言うけれど、「これこれだから大丈夫ですよ」という情報公開はありません。分散開放型ネットワーク・システムの技術から見れば、こういうシステムはきわめて危険だと考えるのが安全です。したがって、プライバシー確保の視点から見てもやはり危険です。

2つめは、「電子政府」にはプライバシー保護のための手段が使われていないということです。

プライバシー強化技術という、情報通信技術の先端分野として非常に注目されている分野があるのですが、政府の「IT戦略」などの文書を見ていくと、この技術分野について関心を寄せていません。研究開発を促進するような政策も実施されていません。

市町村の説明文書などを見ても、個人情報保護のための措置として書かれているのは、プライバシー保護のための措置ではなく、ほとんどそのすべてが、単

にセキュリティを確保するための措置です。それを個人情報保護の枠に入れているのですね。システム運用者の立場で情報資産である個人情報を保護しているだけです。個人情報の本人のプライバシーを保護しているわけではありません。

分散開放型ネットワーク・システムの技術思想では、こういう考え方はしません。セキュリティとプライバシーははっきりと分けて考えます。セキュリティは運用者の責任、プライバシーは自己情報コントロールに関わる本人の問題なんです。端的に言えば、分散開放型ネットワーク・システム上でのプライバシー権は、「自己情報コントロール権」そのものなんです。

もう1つのクリティカルな問題は、「電子政府」のコンセプトには、その内部における個人情報の流通を厳密に制御するという観点が欠落していることです。

たとえば、特定の作業には必要のない個人情報がむやみに画面に出てきてしまうとしたら、これは個人情報の流通の制御がされていないということです。個人情報を提供する場合は、提供先でどのように使われているのか精密にトレースできる、あるいはコピーがどこにあるのかを厳密にリストアップできる、むろん本来の利用目的から逸脱する目的外利用はやろうとしてもシステムとしてそんな機能はもっていない──そういった個人情報の流通のコントロールが意識的に行われていなければ、システムはプライバシーを保護することができません。

個人情報保護法案や行政機関個人情報保護法案にも、この個人情報の流通の制御という考え方はありません。住基ネットの場合でいえば、ファイアーウォールの外に出た個人情報の追跡はまったく想定してなくて、「条例なり法律なりを作ってどうぞ自由にお使いください」──システムとしては無制限開放という考え方なんですね。

「プライバシーの危機」というのはそういうことです。

セキュリティが万全でも侵害されるプライバシー

こうした問題が起きるひとつの原因は、セキュリティの確保と個人情報の保護の同一視にあります。

このため、セキュリティ的に適正なシステムが適正に運用されていていたとしても、「電子政府」ではプライバシー侵害はいくらでも起きます。要するに、個人情報が外部に漏れなくても、システムの内部でプライバシー侵害は起きるわけです。

住基ネットでいえば、広い意味でのこのネットワークは「霞ヶ関WAN」をサブ

システムとして含んでいますから、その「霞ヶ関WAN」でプライバシー侵害が起きる。システム的には全然不思議じゃありません。そういうところでプライバシー侵害が起きることを、システムは防御してません。むろん、都道府県や市町村のレベルでも同じです。

　分散開放型ネットワークを中央集権型ネットワークの技術思想のもとで作ってしまった結果、こういうプライバシーの危機が起きているわけです。

　このことは、監視社会のインフラが完成されたことを意味しています。データ・マッチングのインフラといってもいいのですが、そういうものができてしまっていて、歯止めがかかっていないわけです。警察が使いたいといって法律を通してしまえば、それで住基ネットの個人情報は合法的に使えるわけです。住民票コードをキーにして、国が現に持っているあらゆる個人情報を警察活動の目的でデータ・マッチングできる。少なくとも、それをやるために必要な技術的環境は全部揃っている。だけど技術的・システム的な歯止めがなにもない。

　歯止めがないのだから、やろうと思えば簡単にできてしまいます。つまり誰かが必要と考えれば、合法的だろうが非合法だろうが関係なく、防衛庁の情報公開請求者リストのように、必ずプライバシー侵害は行われます。意図的であるなしにかかわらず、できてしまうわけです。

解決策は行政システムを市民のコントロール下に置くこと

　では、どうすればいいか？

　論理的には簡単なことです。今まで申し上げてきたことをひっくり返せばいいんです。「電子政府」がもっている自己矛盾を解消する。分散開放型ネットワーク・システムの考え方——プライバシー保護の概念を「電子政府」に持ち込めばいいのです。

　「電子政府」（住基ネット）に、技術だけでなく技術思想においても、分散開放型ネットワークの考え方を採用するわけです。「電子政府」を、本当の意味での「分散開放型ネットワーク・システム」に転換する。別な言い方をすると、個人情報を取り扱うすべての行政システムに対して、自己情報コントロールや第三者機関による監査やプライバシー・ポリシーの公開、そうした分散開放型ネットワーク・システムの考え方を適用することによって、こうしたシステムを政府の独占状態から社会的コントロールのもとに引き出す、ということです

　そうすると、実際に「プライバシー強化技術」というものがあるわけですから、

個人情報を取り扱う行政システムは、これこれのことができるようにしなさいとか、これこれのことができないようにしなさい、ということを決めて実際のシステムに実装することが、非常に重要な課題になってきます。つまり「プライバシー強化技術」の実装ですね。

しかしそうはいっても、国・総務省を相手に「すべての個人情報を扱うシステムに対して自己情報コントロールと第三者機関の監査を適用しろ」というのは、そう簡単なことじゃないでしょう。いろんな意味で政治的な力関係の問題になってきます。

ただ、技術の側から見れば、そういう考え方を前提にしなければ技術自体が成り立たないようになってきているのも事実なので、今の総務省のような技術の使い方をされたら、やっぱり「それはまずいぜ」と技術者は思うわけです。たとえば、日本セキュリティ・マネジメント学会の提言❶のような形で、いろいろな意見が出てきています。

ここで指摘しておきたいのは民間の動きです。私たちは今「電子政府」ということで政府調達、公共システムを問題にしているわけですが、民間を対象とするシステムでは、プライバシーを守るということを考えないでシステムを作っても、おそらく売れないでしょう。システム・メーカーとしては、民間企業に製品を買ってもらうために、いろいろ研究をしている。つまり、プライバシーの保護に関しては、国のトップダウンでは全然研究開発は進んでないけど、民間のボトムアップという形で、現実には普及し始めているわけです。

反監視権：第3世代プライバシー権の提唱

「電子政府」のもつ問題点として今日報告したかったことは以上なんですが、2点ほど付け加えさせていただきます。

1つめは「反監視権」についてです。

「反監視権」は、韓国のイ・ウヌさんという、民主社会のための弁護士会のメンバーの弁護士さんが、昨年11月ソウルで行われた「韓日共同ワークショップ 住民登録法と住民基本台帳法」という集まりにおける報告で提唱したものです。自己情報コントロール権の次の時代のプライバシー概念という意味で「第3世代

---

❶ 2002年12月、日本セキュリティ・マネジメント学会が行った提言。同学会には大学研究者だけでなく、民間企業の研究者、技術者が積極的に参加している。同学会のURL:http://www.jssm.net/

のプライバシー権」❷とイ・ウヌさんは呼んでいます。

　イ・ウヌ弁護士の報告を見ていきますと、まず「反監視権は、監視が民主主義と人権に対する根本的な脅威であるという問題意識から出発する」とされていて、ここのところは非常にユニークなところです。つまり、民主主義という大きな枠組みで考えようという提案になっています。このため「反監視権は、個人のプライバシーや個人情報を越えて、個人と集団の思想と行動の自由を制限するあらゆる行為をコントロールの対象」とするとしています。

　もう1つ注目しておきたいのは、「個人情報収集時の告知あるいは同意の原則を通じて問題を解決しようとする契約的な思考を越える必要がある」と言っていることです。

　いわゆる自己決定とか告知と同意、医療分野でいえばインフォームド・コンセントにあたるような手続というのは、市場原理が理想状態で働いていればうまくいくのかもしれませんが、現実の市場というのは理想状態からはかけ離れているわけで、うまくいかない部分が必ず出てきます。あるいは、韓国や日本の社会、ある意味では東アジア的といってもいいような社会では、アメリカの社会に比べて市場原理が働かない場面、契約的な思考が適用されているとは到底いえない場面がやたらに多い。つまり国家機関などの統治的なシステム、権威主義的なシステムがとても多くて、とても優勢ですから、いくら契約的な外形をもった手続でも市場原理は働かない。そうした部分で契約的思考を乗り越えなければならないという課題は、日本でも韓国でもすごく大きいわけです。

「反監視権」とプライバシー強化技術の共通性

　アメリカはアメリカで、イ・ウヌさんが乗り越えようとしている問題をたくさん抱えています。1964年になって公民権法が作られなければならなかった国です。つい最近まで明らかに人種差別的である社会制度が公的に採用されていた社会ですから、市場原理が働かない場面というのは現在でもあるでしょう。しかし、たとえば「ユニバーサル・アクセス（バリア・フリー）」が公民権法的な文脈の

---

❷第1世代のプライバシー権は、マスコミなどを意識した「ひとりで静かに放っておいてもらう権利：the right to be left alone」で、1890年代に形成された概念。第2世代のプライバシー権は「OECD 8原則」や「EU指令」などに代表される自己情報コントロール権で、大型コンピューターの時代の問題意識を基礎としている。日本の個人情報保護法案の立場も第2世代のプライバシー権の一種になっている。イ・ウヌ報告抄訳も参照。URL：http://ripitup.hp.infoseek.co.jp/antisurveillance.shtml

中から障害をもつ人の社会的な参加の権利を保障する手法・技術としてクローズアップされてきたように、市場原理をできるだけ理想状態に近づけるための社会的条件作り、市場における公正性の確保のための努力は、現在でも精力的に進められているわけです。

　で、考えてみると、分散開放型ネットワーク・システム——インターネットの開発が、アメリカの国防総省の予算を使った軍事情報通信システムの研究として開始されたのが1969年です。70年代には民間ベースでの実験的な運用が広がって、80年代には世界各地との実用的な接続が拡大します。そして90年代には国際的な通信技術の主流のひとつになる。そういう歴史的経過は、おそらく公民権法的な考え方がアメリカの市民社会に広く浸透していくプロセスと並行していたわけです。つまり、インターネットが採用している技術思想は、公民権法的な社会思想に非常に強い影響を受けている、公民権法的な「社会的公平性」の考え方をたくさん取り入れていると私は思っています。

　そうやって考えてみると、先ほどから申し上げているプライバシー強化技術の考え方、あるいは分散開放型ネットワーク・システムの技術思想が意識している、ネットワーク上でのプライバシーの確保、人権の擁護は、単に自己決定と市場原理によってシステムの公正性を確保・維持しようとするだけのものではないことが理解できます。プライバシー強化技術や分散開放型ネットワーク・システムの考え方、技術思想は、イ・ウヌさんの「反監視権」と共通するものをたくさんもっているわけです。

　たとえば、第三者機関による監査であるとか、プライバシー・ポリシーを公開して社会的なチェックを受なさいとか、第三者機関に強い権限をもたせなさいとか——。そういう部分では契約的思考や市場原理を超えた方法で、システムの公正性をコントロールしようとする社会的な考え方が採用されているように見えます。これは必ずしも法制度ではないのですが、市場原理を公正に働かせるためのある種の社会的規制を行うものです。

　だから、「反監視権」の考え方というのは、一方で非常に東アジア的といいますか、韓国や日本のような社会に適合した部分ももっているわけですが、もう一方では「プライバシー強化技術」とか分散開放型ネットワーク・システムの技術思想が注目しているものと同じものを見ているのだなぁと思う部分もたくさんある。イ・ウヌさんの提案の中にある「反監視委員会」などは、まさに第三者機関です。任務として意識している課題の比重の置き方が違うだけで、やろうとしていることは本質的には変わらないのではないかと思います。

技術的視点から見た「電子政府」の問題点

で、私の立場でイ・ウヌさんに申し上げたいことがあるとすれば、これをやろうとしたら技術者をよほどしっかりつかまないとできないということでしょう。逆に言うと、日本の技術者の方たちにも、ぜひイ・ウヌさんの提案に関心を向けていただきたいと思っています。

「電子政府」は第2の「公共事業」

2つめとして付け加えさせていただきたいことは、公共事業の問題です。

総務省の住基ネットとか、経済産業省の「IT装備都市研究事業」などを見ていくと、公共事業でなければできないようなことをたくさんやっています。たとえば、住基ネットの設計段階での「手抜き」です。こんないいかげんなシステム分析に基づいて設計したシステムなんて、民間企業では採用されません。だけど公共調達だとそれが納入されてしまう。こういうことをしていると、国内の情報通信技術、コンピューター技術というのはどんどん歪んだものになってしまいます。

それは、国のシステム調達における大型コンピューターの比率が相変わらず大きい、いわゆるダウン・サイジングが行政システムではあまり進まない、ということに典型的に現われています。

1999年というのは、政府の「IT戦略」の前身である「ミレニアム・プロジェクト」が12月から開始される年です。アメリカではこの時期の1年間で30％程度、大型コンピューターの市場が縮小します。パソコンを使ったシステムで、大型コンピューターを使ったシステムを置き変える――ダウン・サイジングが急速に進んだ時期なんですが、日本では同じ時期に数％、1桁ですが、大型コンピューターの市場規模が拡大します。「ミレニアム・プロジェクト」の資金が、大型コンピューターの購入に投入されたからです。大型コンピューターを使ったシステムというのは、同じ機能を実現するパソコンを使ったシステムに比べるとコストが軽く数十倍になります。

行政システムの分野でもダウン・サイジングは少しずつ進むでしょう。パソコンとインターネットを使えば数十億円でできるシステムを、大型コンピューターを使った数百億円のシステムとして納入し続けることは、現在の日本政府の財政状況で許されるとは思いません。しかし、2000年以降、「電子政府」は公共事業として肥大化していることは事実です。

また、たとえばセキュリティというのは、これからの政府調達で公共事業として肥大化しやすい事業分野のひとつだと思います。セキュリティといえば予算が

つく、そういう時代になりつつあります。むろん、セキュリティ部門はなければ困るし、どんなに厳しく予算を査定してもかなり大きな規模の資金投入が必要でしょう。それは、分散開放型ネットワーク・システムの特性でもあります。だからこそ公共事業として肥大化しやすいわけです。

また、先ほどから申し上げている「プライバシー強化技術」のような部門も、同じように肥大化しやすい部門ではないかと思います。ほかにも、さまざまな「電子政府」の分野で、公共事業の肥大化が起こる可能性はたくさんありそうです。

市民社会が技術をコントロールする

では、「電子政府」が公共事業として肥大化しないようにするにはどうすればいいか？

そこでは、市民の側で技術に対して相当しっかりとした理解をもつことが求められるはずです。「電子政府」はこれからどんどん広がるわけで、とくに日本のような公共事業が肥大化しやすい体質をもった国では、市民社会が技術をコントロールしていくんだ、という発想を相当強くもっていないと、社会は管理化する、技術は歪む、お金ばかりかかる、いいことは何もない、そういういう状態に確実になると思います。

「技術」から見た住基ネットの欠陥

住基カードのセキュリティ問題

岩手県立大学教員／CPSR/Japan代表
山根信二（やまね・しんじ）

　岩手県立大学のソフトウェア情報学部でコンピューター・セキュリティを研究している山根と申します。昨年コンピューターの専門家を集め、CPSR（社会的責任を考えるコンピューター専門家の会：Computer Professionals for Social Responsibility）という団体でも活動を始めたところですが、このような開かれた討議の場所に専門家が出てくるのが遅れたなと反省しています。

　動作テストの報道を聞いたコンピューター専門家は、住基ネットがトラブルを起こしてうまく動かないということはわかっていました。つまり、プライバシー問題とか国家に監視されるとか以前に、そもそも動かないんだと考えていましたから、プライバシーの面を問題にされている市民団体の方とはうまく話が合わないことが多かったのです。ですから、昨年の集会（2002年7月20日：住基ネット8月5日実施を許さない実行委員会主催、東京・中央区）で発言をさせていただいたときも、国家による監視という話ではなく、コンピューターが思ったように動かなくなったときに止める責任が必要です、という話をしました。公共事業でうまく動かないダムが1つ増えるのと同じような景気回復対策の無駄な工事のひとつだと考えていて、悪用しようとしても実際のシステムは期待どおりの性能を出さないだろうと予想していたわけです。

　だけど住基ネットは、信頼性がないまま他のものとくっつき始めてきています。それがたとえば住基カードだったりするわけです。そこで、これからは無駄な公共工事だというだけでなく、より間口を広げて、いろんな人と話をしていきたいと思っています。

日本のセキュリティは国際的に通用しない

　それでは、スマートカード／ICカード❶の話に移ります。現在、住基ネットに対応したICカードがいくつかの企業から発売されていますが、これをアメリカに持って行って政府に「採用してください」と言ったとします。しかし、どのカードも

アメリカ政府には採用されません。なぜかというと、アメリカでは、政府が調達するセキュリティ製品はセキュリティ評価を受ける必要があり、高いレベルの評価を得ないと採用されることはありません。評価のためにどういう試験を受けるかは、アメリカでは10年間ほど前から決められています。

このために、アメリカでは全国民にICカードを配ろうという話は実現しそうにありません。なぜかというと、今のICカードではアメリカの調達基準を満たさないのです。ICカードというのは、それくらいセキュリティの低い製品なのです。

今、国際的に研究者が開発を進めているのは「第3世代スマートカード」というものです。これは主にヨーロッパの研究者がやっているものですが、日本ではあまり関心は寄せられておらず、まだ日本における「第3世代」の開発プロジェクトもありません。ヨーロッパでいえば「第2世代」にあたるものが、日本ではまだ「次世代カード」と呼ばれている状況です。

ヨーロッパの人たちは「第2世代カード」がセキュリティ上重要な目的には使えないことを知っていて、すでに「第3世代」の開発を進めているところなんですが、日本ではそういう話がちゃんと伝えられずに、「第2世代カードはいいぞ」という宣伝ばかり聞こえてくるのは問題だと思っています。

国際標準によるチェックは始めたものの……

なぜ、アメリカの公共調達では採用されないものが日本で採用されてしまうのかというと、日本ではこれまで、コンピューター・システムを採用するときに、そのシステムがちゃんと信頼できるものかどうかということは調達条件に入らなかったからです。業者がシステムを作る際に何が決め手になるかというと、それは入札価格だったりするわけです。たとえば、「1万円入札」とかでコンピューター・システムを開発する工事を業者が引き受けたけど、その業者が力不足で納品に失敗するというトラブルも起こっています。

最近になってようやく、「ISO（国際技術標準）を入札条件にして、セキュリティが強固な製品を調達しよう」という取組みを日本の政府も始めました❷。これで、これからは政府が調達するコンピューターなどは、ちゃんとセキュリティ・チェックをしましょうという目標ができたわけです。アメリカのように「明文化された義

---

❶日本国内では「ICカード」と呼ばれているが、国際的には「スマートカード」が一般的な呼称のため、技術者・研究者はこれに従う場合が多い。山根さんはワークショップでの発言に両方の呼称を使用しているが、意味上の違いはない。

務」ではなく努力目標でしかありませんが、ここまできたことを私は評価しています。ですが、それは、住基カード社会の不安については解決策になりません。

　なぜかというと、いくつも理由はありますが、いちばん大きな理由は、この調達方針が政府の委託先などには適用されていないことです。たとえば、地方自治体が調達するシステムの場合、セキュリティ・チェックは努力目標にすらなっていません。したがって、政府がセキュリティの高いコンピューター・ネットワークを作っても、そこにつながっている地方自治体のコンピューター・ネットワークにセキュリティ・チェックがなっていないネットワークがつながっていれば、セキュリティは低いままになり、セキュリティ評価を行う意味がなくなってしまいます。

　具体的に住基カードの場合、政府が発行したICカード、これにはセキュリティ評価が課せられます。しかし地方自治体が発行する住基カードにはセキュリティ評価は義務づけられていないのです。というわけで、残念ながらこのISOでセキュリティ評価したものを調達しようという政府の方針は、大規模分散ネットワークである日本の電子政府、そして電子自治体計画のセキュリティを高めるものではありません。

　そこで、地方自治体にも政府のように、セキュリティ・チェックをシステム調達の条件にすることを考えられる方もおられるでしょう。たしかにそういうことを検討されている自治体もあります。

　たとえば、各地方自治体が調達する住基カードに対して、政府調達と同じように、セキュリティ評価を受けてから入札参加してくださいというようにしてみると、多くの業者は困るはずです。

　2003年1月に調べた時点では、市販の住基カード用の製品で国際的に通用するセキュリティ評価をパスしたものはまだありません。ということは、住基カードでセキュリティ評価を義務づけた場合、納入できなくなる可能性もあります。各

---

❷「『公的分野における連携ICカード技術仕様』(別表)　2002年3月26日　公的分野におけるICカードの普及に関する関係府省連絡会議申し合せ」に、「ISO/IEC15408のEAL4以上の保障レベルを有する」、「ISO17799に準拠するセキュリティーポリシーを策定し運用する」と記されている。http://www.soumu.go.jp/gyoukan/kanri/010425_9.htm
　「ISO/IEC 15408」は、「情報技術を用いた製品やシステムが備えるべきセキュリティ機能に関する要件(機能要件)や、設計から製品化に至る過程で、セキュリティ機能が確実に実現されていることの確認を求める要件(保証要件)が集大成された『要件集』」(2002年5月、情報処理振興事業協会「ISO/IEC 15408『情報技術セキュリティ評価基準』のご紹介」より。http://www.ipa.go.jp/security/ccj/archive/intro/ccintr200.pdf) JIS X5070として国内規格となっている。ISO (International Organization for Standardization)は、工業製品からサービスに至るさまざまな国際標準を決めている民間の国際標準制定機関のひとつ。

「技術」から見た住基ネットの欠陥

メーカーは、2次稼働と住基カード配布が始まる夏をめざして、なんとかセキュリティ評価を取得しようと頑張ると思いますが、今年度末の3月の段階では、どこの製品も評価を受け認証を取得するのは無理なのではないかと私は考えています。

ICカードに対する攻撃は止まらない

　ICカードとしてのセキュリティ評価を受ければ、それで最低限のセキュリティはとりあえずできるわけですが、それでもいろんなICカードに対する攻撃方法はあります。どういう攻撃方法があるかというと、配布資料にはタイミング攻撃とか電力解析などを挙げていますが、たとえばカードに流れている電流を計ることで、ICカードの中をどんな情報が流れているかを盗聴したりするやり方はすでに専門家の間では実証済みです。これで、中の情報が大学院生が使える程度の設備で解読されたという実験報告も公開されています。

　外部の試験機関によるセキュリティ・チェックを受けたカードなら、一応こうした攻撃に対する対策はできているでしょう。しかしカードのセキュリティを破る方法とカードを作る人たちが対抗する技術は日進月歩で発達しているので、セキュリティ・チェックにはつねに新しい技術を取り込んでいかなければなりません。

　アメリカのセキュリティ標準などはどんどん「こういうテストをしなさい」と追加がされていくんですね。アメリカでは国民的なICカードとういものはたぶん発行されないだろうというのは、こうしたチェック項目が次々と追加され、カード製造技術の進歩を上回っているためです。

　日本が導入する国際技術標準は、アメリカの試験ほどは厳しくありませんし、ようやく始まったところなので、やはりセキュリティ的に万全とはいえません。しかも、先ほどから申し上げてきたように、セキュリティ・チェックを受けなくても、各自治体には全国ネットワークにつなげるシステムが納入されてしまうわけです。

ICカードをつなぐ端末のセキュリティは脆弱

　私がいちばん問題だと考えている攻撃方法は、住基カードのセキュリティというよりは、それをつなぐ端末のセキュリティを破るものです❸。計画書によれば、

住基ネットの端末というのは普通のパソコンと同じです。それにカード読み取り装置をつけて、そこにICカードをかざします。そしてパスワードを入れると「あなたは誰々さんですね」とか、あるいはいろんなサービスをしてくれるようになっているわけです。

　このパソコン端末とソフトはあちこちに配置される計画です。保健機関だとか図書館、自治体によっては商店街、そういう場所に無数に置いていくことまで計画されています。でも、この端末がちゃんと動くのかということは、誰もテストできないのです。

　先ほど説明したように、ICカードについてはテストできますが、パソコンの上にどういうソフトウェアが乗っているかということまでは誰もチェックしていません。パソコンには後からどんどんソフトウェアを追加できますし、そのソフトも自由に改造できます。したがって、電子政府あるいは電子自治体のセキュリティを強化できない弱点が1つできてしまいます。

　すでに、ICカードをつないだパソコン上で、勝手なプログラムが動かせてしまうという報告があります❹。これは2002年度阪神地域で行われたICカード実験ですが、ICカードをつないだパソコンでたとえばインターネットを見たりします。そのページに「パソコンにつながっている装置のデータを持って来い」というようなセキュリティ上問題になるプログラムを置いてあれば、ある条件の下では全部データを持って行くことができたりする。そういうことが技術的にできる状態になっているパソコンがある、という報告がされています。幸い専門家がいち早く指摘したことにより、実害はまだ報告されていません。

　ここまでの話をまとめます。このように政府系ICカードのセキュリティは各国で厳しくチェックされていますが、日本はまだこれからというところです。そして、ICカードをつなぐパソコンは、どういうプログラムを走らせるか全然コントロールできないという状況にあります。そういうものが図書館や保健所や商店街などに配置されている社会というのは、とてもリスクが高い社会になります。それが住基カード計画では現実のものになり、端末側で悪意をもった攻撃プログラムが走らされる問題の対策はいまだに打ち出されていません。

---

❸ 詳細は、巻末「参考資料」に収録した山根論文中の「3.4 カードの保護レベルと無関係に発生する問題」参照。
❹「宝塚市、伊丹市、川西市、猪名川町のICカード利用者に任意コード実行攻撃の脅威」(2002年7月)。http://www.st.ryukoku.ac.jp/~kjm/security/ml-archive/memo/2002.07/msg00138.html

海外のICカード政策

 では、海外ではどうしているかというと、アメリカでは非常に厳しい納入基準のために、こういう住基カードのようなシステムを政府が一律に採用することはたぶんありません。採用したいと考える省庁もあるのですが、国防上の問題があるために国防に関わる機関がそれを許さない、という状況ですね。市民団体なども頑張っています。私どもはCPSR/Japanという団体を作って日本でやっているわけですが、アメリカのCPSRも「スマートカードをみんなに配布するのは危ないだけだからやめなさい」といった提言をいろいろやっています。

 ドイツでも、もともとは国防関係の仕事をしていた機関が目を光らせています。スマートカードは国民に配布されていますが、限定した目的にしか使えないようになっています。日本のように国も自治体も民間も多目的に使おうという設計にはしない。さらにドイツでは、本人証明書に使う基幹システムは、日本よりも一段高い、ほとんど軍用レベルのセキュリティ保証テストが要求されています。ほかにも政府機関で使うパソコンのソフトウェアまでちゃんと決めているのですね。「電子メールを読むにはこのこのソフトを使いなさい」という具合です。そうしないと、日本のように、パソコンにはじめからインストールされている電子メール・ソフトウェアを使ってメールを読んだら変なプログラムが動いてしまうということでは困るわけです。

 セキュリティとはそんなコンピューター・システムのソフトウェア1つ1つに気をつけないといけないわけです。こうした海外の政府基準から見れば、日本のセキュリティ技術は甘すぎると考えています。

 デジタル化は紙を使わなくなるから金がかからなくなると思われていますが、実はデジタル化というのはお金もかかるし、セキュリティも弱くなるものなんです。だから電子政府プロジェクトをやる国というのは、かなりのコストとセキュリティ技術を投入しているわけです。これは安易な雇用対策とかではなくて、国防まで含む大きな国家プロジェクトになります。

 アメリカとドイツの2国はこの点では双璧という感じで、他の国はそれほど強力なセキュリティ機関、国防機関が前面に出てくることはありませんが、明文化されていない形で実際には活動しています。

 たとえばイギリスは、日本と同じように国防セキュリティ機関がスマートカード採用に際して担当部局として前面に出てくることはありません。しかし後ろでは

いろいろやっていると思います。歴史的に見るかぎり、アメリカやドイツに匹敵する組織はあって、表に出ない形でセキュリティ評価をやっています。

イギリスの場合はむしろ政府の中で相談する前に法案を出す時点で大論争になります。今でもイギリスではプライバシー関係の論争が起こっていますが、これは「法案を出そうかな」というときからマスコミも巻き込んで大論争になっているわけです。

日本の場合は、いつのまにか法案ができていて、法案は強行採決で通ってしまった。詳細は法案には書かれていなくて、あとは各省庁が指導する。これでは大論争どころではないですね。そこがイギリスとの違いで、専門家が政府計画について発言することが活発です。

また、イギリスなどでは省庁が法案を出す前に意見募集することがありますが、そういうプロセスが日本ではなかった。これが、住基ネットをここまで信用できないものにしてしまった大きな要因だと思います。

セキュリティへの取組みは始まったが課題は山積み

ここまでの話をまとめます。住基カードに用いられるICカードまたはスマートカードのセキュリティというのは、宣伝されているほど高いものではありません。欧米の第一線の研究者はもう「第3世代」のカードを研究しているなかで、日本で今宣伝されている「次世代カード」はせいぜい「第2世代」のカードです。

次に、カードのセキュリティを破る方法も提案されていて、それに対するチェックをちゃんと行っていく必要があるということ。日本はこのチェックを始めたばかりで、どのカード製品もセキュリティ・チェックをしたという認証はもらっていません。8月の住基カード発行までにセキュリティ・チェックのお墨つきをもらえるのは、日本では1社か2社ぐらいではないかと思います。

さらに、いくらカードのセキュリティを高めてもできる攻撃はあるということ。カードをつないだパソコンでどういうプログラムが動くかどうかわからないので、信用できないということですね。ドイツのように政府で利用するパソコンのプログラムまで決めなければ、この部分のセキュリティは強化できません。

役場・図書館・保健所などにある端末に住基カードをかざす時代がこれから来るわけですけど、現在の計画のままでは、そのマシンでどんなプログラムが走っているかということは全面的に信用するしかない社会ができてしまいます。4桁の暗証番号を入れてくださいといわれれば、それを入れて何かをやってもら

う。そこで動くプログラムが、誰かの自作プログラムなのか、本来のサービスのためのプログラムなのかということは、今のところ識別できるようにはなっていません。

そして海外では、政府にこうした問題を考える機関があり、アメリカやドイツのように国防系の機関が監査役として目を光らせている場合もあります。どういう組織がそれを担当するのかは国によって違いますが、これまで日本ではそういう機関がなかったし、政府は住基カードのプロジェクトのためにそうした専門家をスカウトしなかった。

これまでの日本の電子政府では、入札に勝った業者がセキュリティを考えるだけで、政府はセキュリティ、安全性についてはまったく考えていませんでした。それがようやく始まったところで、まだ課題はたくさんある、という話をさせていただきました。

ICカードのリスクは現実のもの（質疑応答）

企業内研究者　山根さんのお話にあった、カードの保護とは関係なく端末側で起きるリスクというのは、理論上だけのものでも想像上のものではないことにご注意ください。

住基カードの中には電子申請のための公的個人認証の機能（アプリケーション）が入ることになっています。それによって、インターネットを使って電子申請ができるとされています。しかし一方で、同じカード上にたとえば商店街などのポイントカードの機能も入れよう、ということがいわれています。そこで、この２つを使ったら何ができるか、という問題です。

パスワード４桁を、それぞれの機能ごとに別々に決めて利用するのであれば違うのですが、おそらくそういうことはうまくいかないでしょうから、１個のパスワードでアプリケーション全部に対応するようにシステムがやってしまうかもしれないし、面倒なので人間が同じにしてしまうかもしれない。

そうすると、商店街のよく知らないお店に置かれたパソコンにポイントカードを通してパスワードを入れた場合、このパソコンの裏で、インターネット経由で法的な個人認証を使ったアプリケーションにつながってしまい、たとえば土地家屋の登記情報などをいじられたりといった、なかなか「アツい」ことが起きる可能性があります。

こうしたことが防げるかというと、おそらくは防げません。

ICカードのリーダーなどは誰でも手に入れることができることになるはずです（そうでなければ、インターネット経由の公的個人認証は実用になりません）。プログラムを書ける人が法的な電子申請のサイトにアクセスして解析すれば、何をしなくてはいけないかということが読みとれるでしょう。あとは、いかに「お客さん」を騙してパスワードを入力させるかということに力を注げば、もうなんでもできてしまいます❺。

そういうふうにストーリーを考えると非常に怖いです。

山根 これは現実に起こりうる話だ、という指摘ですね。ありがとうございます。私が考えている具体的な手口としては、以前、夜間金庫の偽物を作って預金者を騙そうとした事件がありましたが、ああいう感じで、住基カードの窓口もパソコンのプログラムで作ることができる。たとえば数字を4桁入れさせて「今日は都合が悪いから明日きてくれ」という表示が出るけど、実際にはまったく関係ない署名捺印の手続を実行しているとか。いくら住基カードのガードをしっかりして役所の人間が誠実有能であったとしても、パスワードを打つ人間を誘導する古典的な手法で破られてしまうわけです。

---

❺（発言者追記）この種のリスクは、クレジットカードにももちろんある。店舗のクレジットカード・リーダーに別の装置を組み込んでカード番号を盗む、「スキミング」と呼ばれる手口が広く知られている。ただし、クレジットカードの番号を盗んでできることは不正な購買やキャッシング、それに伴う信用情報の毀損などにとどまる。一方、住基カード上で動作する公的個人認証アプリケーションの不正アクセスでできることはきわめて広範囲にわたるであろう（実印と同等の法的効力をもつと考えられる）。

「技術」から見た住基ネットの欠陥

「システム」って何だ？
「セキュリティ」って何だ？

作新学院大学教員
藤本一男（ふじもと・かずお）＋稲垣隆一

「IT」という言葉に惑わされるな

藤本 「IT化」とか「IT革命」という言葉ですが、これがかなり私たちの思考を停止させているところがあると思っています。私は、語るべきはITではなくIS──インフォメーション・システム（情報システム）だと思っています。

この集まりの議論でもシステムが問題にされています。情報システムというと、一般的にはコンピューター・システムとかネットワーク・システムをイメージしますが、それらは、組織だとか人間だとかとセットになってはじめて動くものです。こうしたことは、情報システムを動かしている現場に行けば当たり前なのですが、言葉の問題としては、情報システムというと、ついコンピューターなどの機械装置のことを考えてしまいます。たしかに、今日の情報機器には、高度な情報技術が使われているでしょうから、それはそれで立派なものではあるでしょう。また、機械的機構としてのセキュリティ・レベルとかもデコボコがあるにしても、それはそれとして、結構いいものなんだろうと想像します。情報技術（IT）という言葉には、そんなプラスのイメージが付与されているのです。

ですが、それらを組み合わせて機能させる場合には、人的な機構を考えることが不可欠になります。

実際に情報システムを動かすにあたっては操作する人、システムのメンテナンスをする人も含めてさまざまな人的要素があって、全体を通して動かさなければシステムではないのですが、「IT」というとコンピューターとかネットワークにばかり目がいってしまう。本来議論すべき情報システムではないところに議論がいってしまいます。

たとえば「行政手続オンライン化関連3法」❶が通ったときの国会議事録を読んでみると、しようもない技術論争に入っているんですね。「このシステムは何のためにあるのか」というところでちゃんと議論をしてもらわないと困る場で、「信

号はひとつの線に入っているというけど、混じるんじゃないの?」「混じりません」「あなた本当に見て確かめたの?」……こういう議論をしているわけです。「ITだ、ITだ」といって情報技術で語るとこういう議論にハマります。

「IT化」というと、利便性とか効率化とかの一般論で語られる傾向にあります。それもたしかに議論の対象には違いないのですが、正面きって情報システムの目的を語る必要があります。この議論を正面からさせないために、「IT」を正面に持ってくるような傾向を感じます。そんなところに惑わされないために、私は「IT化なんて言葉を使うのはやめよう」と、提案します。

「IT」──情報技術を使うか使わないかは、「システムとしていいものは使おう」、「これは危険を覚悟で使おう」、「これはヤバイからやめよう」というふうに社会のシステムで考えるべきであって、「ITありき」ではありません。

西邑さんが最後に言っていたように、「市民の側で技術をコントロールする」ということは、まさに「この問題は『IT』ではなく『IS』──インフォメーション・システムで考えていきましょう」ということです。そうすることで問題としている情報システムの目的を正面から議論することができるようになります。「IT化だ、IT革命だ」と言っていると、システムの目的から手段である電子装置に議論がそらされていきます。しかし、技術論争で目的論議を代替してはいけません。

技術的な検討は必要です。セキュリティについての最先端の知識は、政府の政策を批判的に見ていくためには必須でしょう。しかし、同時に、システムの目的については、正面から語る必要があります。「利便性」の一言で済ませて予算が下りるようなことは、民間企業ではありえません。「IT」で語ると目的が見失われます。「IT革命」という語には、こういった思考停止をもたらす機能があることに注意したいと思います。

みんなで一緒に考える──コンサルティング・ビジネス

稲垣 言葉の問題はすごく大事なんです。だから運動のひとつとして、「みんながわかる言葉を使おうよ」というのも重要だと思うんです。

　私はコンピューターのセキュリティが仕事の専門のひとつですが、実際に何を

---

❶「行政手続等における情報通信の技術の利用に関する法律（行政手続オンライン化法）」、「行政手続等における情報通信の技術の利用に関する法律の施行に伴う関係法律の整備等に関する法律（行政手続オンライン化法整備法）」、「電子署名に係る地方公共団体の認証業務に関する法律」の3法。2002年12月6日成立。

やっているかというと、各企業とか団体に行って、機械だけではなくてそれをオペレーションする人とか、その人たちを管理する制度とかをどうやって作ったら全体が動くのか、ということをやってるんです。それが今すごく大事になっているのですね。

その証拠に、昔のコンピューターの宣伝を見ると、コンピューター屋さんは「機械」を売っていました。ところが、たとえばIBMの宣伝を見ていくと、ある時期からアッというほど変わりましたね。「ソリューション・ビジネス」ということになった。

何のことかというと、要するに「ご相談承ります」——相談業です。

事業課題の解決といいますが、実際には解決なんてできません。何をもって解決とするかの規準がないのです。「コンサルタント」といいますけど、要するに「みんなで一緒に考えましょう」ということです。

これは、実はアメリカ型のビジネスのやり方です。これのよいところは選べるというところです。いろんな人がいろんなやり方で「こういうシステムで会社をやったうまくいった」、たとえば「GEはこういうやり方でやったらうまくいった」、そういうことを選べるわけです。選んでダメだったらしようがないではないか、ということです。

基準があるところでこの基準に当てはめて、「こうやったらこうなるよ」ということを教えていくのがコンサルティング・ビジネスです。日本にはそういう基準がないのです。

「システム」って何だ？

はじめの話に戻りますが、言葉の問題はすごく大事です。「システム」といったときにみんな違うことを考えるのです。「システム」って何ですか？

今われわれが「システム」と言ったときは、会社があって、机があって、人がいて、書類があって……ということですね。そして、話をして、情報をやりとりしているわけです（図1参照）。

手紙の代わりにFaxを送るというふうにだんだんなってきていますが、つまり「システム」と言ったときには、電気も人も使いましょう、ということなんです。

ところが、電気が使えるのは一部です。ここにある「書類」が「電気」になるんですね。それを昔は何といったかというと、「電算化」と呼んでいました。

「電算化」はよくわかるのです。機械のことを「電算機」といいましたから。とこ

図1 従来の「システム」

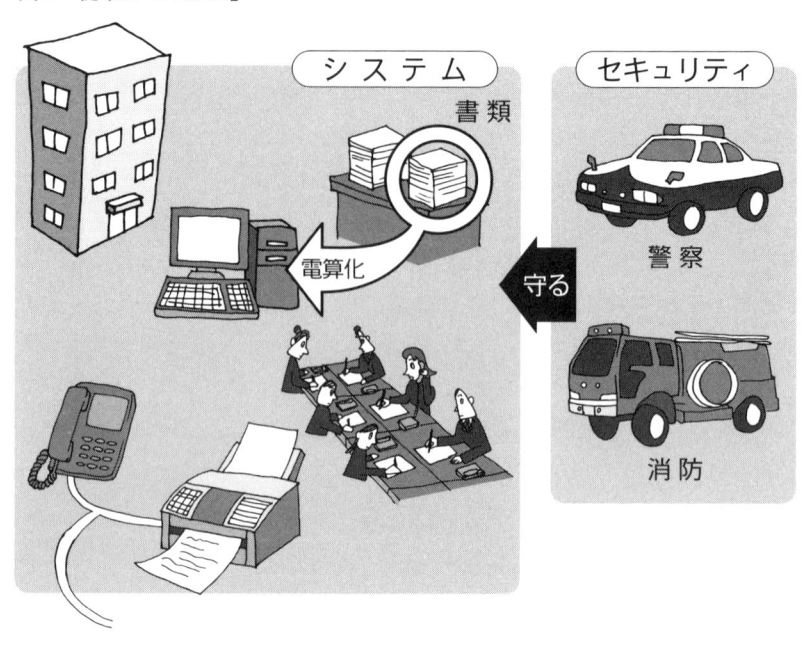

図2 ネットワーク化された「システム」

ろがこれが、いつのまにかわからなくなってきた。

　今は「IT化」といわれ、これだけのもの(**図2参照**)が出てきました。でも実は、「電気」で置き換えられた部分だけが「システム」じゃない。人と人との間での情報のやりとりで、このブツ(書類)をどうやって作っていくか、というのが「システム」なんです。

どうやれば安全を「電気」で実現できるか

　では、この世界の安全性はどう守られているかというと、リアル・ワールドには警察があります(**図1参照**)。悪いことをしたら逮捕されます。

　悪いことのあり方はみんなだいたいわかります。盗むとか、壊すとか……。「盗む」といったら物がなくなるわけです。「壊す」というのは、燃えてしまうとかなくなってしまうわけです。見ていればみんながわかった。リスクのあり方も単純で、「盗む・壊す・殺す・盗る・火事になって燃える」ということです。みんなわかっていた。

　そのうち警察犬が出てきたり、指紋を採ったり、レントゲンを撮ったりするようになりましたが、「電子化」ではないので何をやっているかはみんなにわかります。

　いずれにしても、そういうこと全体を電気を使ってやりましょうよ、というのが今の「システム化」であり、サイバー・スペースにおける「e-Japan戦略」の狙うところなのです。

　ところが、コンピューター・システムにおける110番システム(警察)を作りましょうとか、外国からのネットワーク上での侵害に対してはサイバー自衛隊を作りましょうとか言うと、何を言ってるんだと思われてしまいます。

　でも、それくらいのことをやらないといけないわけです。それだけの金をかけなければいけない。人手をかけないといけない。そういうことを今やろうとしているわけですから、そのことをちゃんと理解して、現実味をもってセキュリティを考える必要があるんです。

　セキュリティを考えるうえでは、誤入力なんかを誰がコントロールできるようにプログラムを作るのか、といったすごく細かいところからやらなければならないのは事実です。が、一方ではこういう、金がかかって、人手がかかる問題もあるんだってことをきちんと認識してやっていく必要がある。「市民の自律的な権利」とは、つまりこういう問題を含めて、自分たちが実際にどう決断するのかなんで

す。

「電子政府」を「自分の問題」として提起する

　この問題は、私たちが決断することなんだと思うのですが、それは最終的には「金」の問題になってくる。つまり、コンピューター・セキュリティをするのには金がいくらかかるのか。何が必要でいくらかかるのか、自衛隊も必要だ！ということなんです。「このOS❷にはこれだけの機能を実装しろ」と言えるだけの税金を集めて、マイクロソフト社に渡すのか？──そういう決断をあなたはできますか、ということです。

　そういう問題提起の仕方をしていかないと、議論が宙に浮いてしまう。他人様の話になっちゃう。今の例で言えば、マイクロソフト社のOSに実装する機能に対しては、自決的な、つまり自分の権利としての情報コントロール権とかシステム・コントロール権ってものは絶対にないです。裁判所に行っても取り上げてくれません。それは人様の、つまりマイクロソフト社の権利なのですから。

　問題提起をするときには、自分の問題として提起する。セキュリティを問題にするなら、それを実現させるだけの金を負担する、自分がお金を出すということまで含めて提起することが必要なんです。

　で、そのためには「言葉」がすごく大事です。できれば、誰か「権利のためのコンピューター用語辞典」というようなものを作ってほしいと思います。

---

❷ Operating Systemの略。「基本ソフトウェア」と訳される。コンピューター上で実用的なプログラム（アプリケーション）を利用するうえで必要となる、きわめて基本的な機能を実現するプログラム。具体的には、マイクロソフト社の場合でいえばWindows XPなど「ウインドウズ」と呼ばれるものがこれに相当する。ほかにUNIXやLINUX、MacOSなどが国際的に広く普及している。

「技術」から見た住基ネットの欠陥

監視社会を監視する

監視社会のイメージ

パロディスト
マッド・アマノ

お尻にセンサーが埋め込まれる!?

　私はアメリカに行ったり来たりしていまして、29歳になる娘がアメリカで就職していますから、去年（2002年）の12月の末から1月初旬にかけて向こうに遊びに行ってきました。向こうで柴犬を飼っているのですが、娘に聞いたら犬にセンサーを埋め込んだと言いました。アメリカは生まれたばかりの人間の赤ちゃんにセンサーを埋め込む動きがあり、州政府あたりが密かに狙っているということを、知り合いのジャーナリストから聞きました。人間にもセンサーを埋め込んで、どこに行ってもわかるようにと。

　アメリカ人はのんきな人が多く、近所の人に「センサー埋め込まれたらどうする？」と聞いたら、「こんなにたくさん持っているカードが1枚にまとまれば便利だし、腕に埋め込まれても痛くないらしいよ」と。「もうカードをなくす心配がないし、ときどき新しいデータを入れてもらえればいいのだからこんな便利なことはない」と真面目に言っていました。

　アメリカで流行ることはだいたい日本にも上陸しますから、数年後には、お尻にチップを埋め込む時が来るのではないでしょうか。今は電車の改札もカードを通しますが、お尻を向ければ通れるようになるし、こういう時代がもうすぐ来てしまうわけです。今はお尻だから笑うけど、今度の11桁も同じことなんですよ。今のところ区役所や市役所がお尻の部分を持っていますから、私たちはピンとこない。行政が持っているので、どう使われるのかがわからないし、ピンとこないわけです。

　ところで、ETC（ノンストップ自動収受システム）を知っていますか？　これは簡単に言うと高速道路の料金所でナンバープレートを読み取るシステムです。これなんかもプライバシーとどう関係があるのかという問題があります。うちの息子が私の車なのに装置を入れてしまって、おやじも加入しろと言います。そうすると自動読み取りですから、いちいちお金を払わず通行できるわけです。しかし

ETCひとつとっても単に便利というわけではないわけで、走行状況をすべて監視されているのです。

利権がらみのセコイ構造を断ち切れ！

これとは別に、一般道でドライバーが気づかないうちにナンバーを読みとるNシステムは、イギリスにもアメリカにもありません。日本独特の技術です。これは大手の電機メーカーが作っています。今はどんどん普及しています。その技術をいずれ欧米にも輸出しようとしている。だからみんなビジネスになっています。

警察には生活安全課がありまして、そこはなかなか利権が生じないところだった。警察といえばやはり公安だったのです。ところが、これまで利権があまり絡まなかった生活安全課が、コンビニとか街頭の監視カメラなんかの利権が絡んで業者との癒着の温床になっているおそれがあります

先ほど話をされていた方々の「プライバシーを行政や国がつかむなんて許せない」というのは正論なのですが、この裏側には全部お金が絡んでいて、天下りを通じて、官僚と国家が民間の企業とすべてお金でつながっているわけです。

これは世界中がそうです。イギリスはそういう意味では先進国です。アメリカもすごいものです。すべてビジネスにつながっていることを頭に入れておいてほしいのです。そのビジネスで私たちがいい思いができればよいのですが、市民には一銭も入ってきません。

ところが、官僚たちや警察の人たちなどは監視カメラの会社に天下っていくとか、そういうセコイ世界なのです。セコイといっても、彼らにとってはそれが楽しみなことなのです。総務省も、住基ネットをやることによっていろんなビジネスに参入する企業とのつながりができる、癒着があるわけです。いつも構造は同じです。だから、構造を断ち切らないで末端のところだけでやっていては意味がないのです。

監視社会を監視する

監視社会のメンタリティ

ジャーナリスト
小谷洋之（こたに・ひろゆき）

　2003年1月24日の衆議院予算委員会で、河村たかし代議士（民主党）が、「警視庁情報公開センターに設置された監視カメラ問題」を取り上げられました。マスコミにもこぞって取り上げられ、大きな社会問題に発展しました。

　実をいえば、昨年（2002年）7月30日発売の「週刊プレイボーイ」（集英社刊）で、すでに取り上げているわけですが、当時はあまり注目されずに終わってしまいました。この警視庁情報公開センターの問題ほど、監視カメラが抱えるさまざまな問題をわかりやすい形で露呈し、なおかつ、監視カメラを設置する側のメンタリティを端的に示す事例はないのではないかと思っているわけです。

警察の情報公開とは

　そもそも、国であれ地方自治体であれ、情報公開制度の目的とは、行政文書・情報は役所だけで独占すべきものではなく、国民と共有すべきものであり、これをもってして行政の透明化を図ることにあります。

　これは一般国民のみならず、マスコミも取材手段として積極的に活用しています。

　役所の広報ルートによる便宜供与だと、出てくる情報が役所のご機嫌次第で、取材者側が必要とする情報を得ることはほぼ絶望的といっていいでしょう。たとえば、しばしば新聞等で報道される、情報公開で開示された「公務員の食費」やら「旅費」などの詳細。これが広報ルートで出てくることはありえないわけです。

　対して、情報公開制度による開示は、法令等に対象外と定められたプライバシー情報や捜査情報などを除けば、開示が法律的な義務になってくるわけです。広報ルートだと役所の主観や恣意が入り込むのに対して、情報公開請求においては、法令や条例という客観的な基準によって開示しなくてはならないのです。

私は「交通警察」をテーマにした記事を執筆することが多いのですが、警察関係のデータは警察が独占しているといってもよく、したがって、データをきちんと掘り下げていこうとすればするほど、警察に対する情報公開請求の数が増えていってしまうわけです。2002年中の警視庁への開示請求件数は294件だったそうですが、うち半数の130件近くまでが私の手によるものになります。

　桜田門こと首都東京の治安を守る警視庁に、情報公開センターがオープンしたのは2001年10月1日のことでした。警察の不祥事症候群に伴い設置された「警察刷新会議」(座長・氏家齊一郎)の緊急提言、「警察行政の透明性を確保し、国民の信頼を回復するためには、警察は情報を秘匿しようとする体質を改め、情報公開に真剣に取り組むべきである」を受けて、新たに警視庁と東京都公安委員会が、東京都情報公開条例の実施機関となったからです。

情報公開センターで監視カメラを発見!

　情報公開センターは、警視庁本庁舎に隣接する警察第2総合庁舎の1階にあります。情報公開請求をしようと直接センターに赴き、総合庁舎受付で記帳を済ませ入室すると、「こちらにおかけください」と、情報公開窓口に案内されます。

　指示どおり腰をかけると、右斜め前方から怪しげな視線が……。よくよく見れば、ドーム型の監視カメラが、情報公開請求者の顔を狙うようにセッティングされていることに気がつきます。後日、判明することですが、監視カメラにはズーム機能があり、情報公開請求者の顔をアップにして撮影することも可能になっています。

　情報公開室の奥には、情報開示用の応接室が2部屋あり、こちらにも、それぞれ監視カメラが設置されています。こちらは単焦点でズームはナシですが、レンズが開示請求者のほうを向いているのは同じです。

　防衛庁海幕三佐作成の情報公開請求者個人情報リストなんてものが社会問題化しましたけど、その防衛庁情報公開室――私も事件が発覚したあと開示請求にでかけましたけど――ですら、そんな露骨なマネはやっていないわけです。

　もし百歩も千歩も譲ってカメラの設置を容認するとしても、なぜ、開示請求者の顔を狙うようにしてセッティングする必然性があるのでしょうか。プライバシーに配慮して、顔貌がわからないように、背中のほうから室内全体のようすがわかるようにセットすれば済むように思われます。なぜ、ことさら情報公開請求者の

顔貌を狙うようにして監視カメラを設置する必要があるのでしょうか。

　この話を、取材でおつきあいのある河村たかし代議士に披露したところ、たいへんに関心をもたれて、彼は情報公開センターへ視察に出かけてしまうわけです。これが2002年7月25日のできごとなんですが、河村代議士は、警視庁に対する疑念を、より深めて帰ってきてしまうわけですね。曰く「これだけのプライバシー情報を扱っているにもかかわらず、画像の取扱いに関する条例はおろか内規などルールはないと言っている。警視庁の担当課長は、ただ信用しろと繰り返すばかり」という具合。

ルールもなかった

　この河村視察の模様を含めて、「警視庁情報公開センター監視カメラ」問題を取り上げたのが、冒頭で触れました2002年7月30日発売の「週プレ」記事だったわけです。

　そしてこの記事に対するリアクションが約2カ月後に現れます。9月20日付で「情報公開センター窓口の事務処理要綱について」と題する内規（通達）が改正されたのです。「防犯カメラの運用管理に係る遵守事項」との項目が加わって、「利用者の注意を更に喚起するため防犯カメラが作動中である旨を表示して、利用者の安心感及び防犯効果の増大に努めるとともに、個人に関する情報を厳格に保護していることについて利用者の理解を得られるように努めること」などのルールが、ここにきて明文化されたわけです。

　裏を返せば、センター開設から9カ月もの間にわたって「防犯カメラ作動中」の表示すらなく、ズバリ「隠し撮り」といっていい状態が続いてきたわけなんですけどね。

　だいたい、この内規にしたって、河村たかし代議士が国会の会期末にこの問題に関する質問をする動きをみせたこともあって──実際には質問を予定していた内閣委員会が流れてしまい、不発に終わってしまったのですが──秋の臨時国会に間に合わせるように、急あつらえをしたというのが正解なんでしょうね。

　しかし、このような内規ができたからといって、すべての問題をクリアしたことにはなりません。なにしろ、このカメラが憲法や判例の精神を大きく逸脱した"違憲・違法カメラ"だという本質からは、一歩として遠ざかっていないのですから。

憲法違反の監視カメラ

　プライバシー権ないしは肖像権は憲法13条の「個人の尊重、生命・自由・幸福追求の権利の尊重」に内包されるものとされています。

　警察の防犯ビデオカメラによる撮影について、憲法13条を根拠に争われた事案がありまして、その判決では、「現に犯罪が行われる時点以前から犯罪の発生が予測される場所を継続的、自動的に撮影、録画することも許される場合として、現場において犯罪が発生する相当高度の蓋然性が認められる場合、あらかじめ証拠保全の手段、方法をとっておく必要性及び緊急性がある、その撮影、録画が社会通念に照らして相当と認められる方法」（東京高裁1988年4月1日判決）としています。

　ここで警視庁に問いたい。警視庁情報公開センターとは「当該現場において犯罪が発生する相当高度の蓋然性が認められる」ような場所とでもいうのですか。それとも情報公開請求をするような人間は、犯罪行為を行う可能性が高いのだと捉えているのでしょうか

　いや、そうではないでしょう。

　あらためて確認するのも妙なことですが、情報公開請求行為とは、法令や条例に定められた合法適法行為であって犯罪性は認められません。これに加えるならば、情報公開請求権とは憲法21条（集会・結社・表現の自由、検閲の禁止、通信の秘密）で保障された権利といえます。監視カメラは、当局に対してチェックされているのではないかとの心理的圧迫を与え、情報公開権の行使を萎縮させる効果があることを指摘できます。

　さらに、情報公開請求の請求内容や請求の目的を記載させることは、思想・信条を推認させる場合があり、請求者の顔貌を撮影・保存することは、憲法19条（思想及び良心の自由）に抵触する可能性があります。

　と、ざっと挙げただけでも、警視庁が、憲法・判決を軽視し踏みにじってきたのは明らかです。警察組織とは、犯罪行為を犯した者を捕まえる組織です。これは学校にあがる前の子どもでも知っている常識です。その警察が組織をあげて憲法違反・判例違反に走っているわけですから、もはや世も末というものです。これが情報公開制度の理念であるとすれば、その請求者を監視カメラで録画することなど、その制度を歪め、門戸を狭めようとするものではないでしょうか。

　警視庁にとっての情報公開制度とは、その名前とは裏腹に「警察にとって好ま

ざる人物」をあぶり出すための制度といえなくはないでしょうか。防衛庁といい警視庁といい、この国の情報公開制度は、制度を悪用した情報収集制度と堕落してしまっているのが実態といえましょう。

増殖する監視カメラと進化する技術

今回、お話しした情報公開センターにおける監視カメラ設置の問題は、なにも特別なものではなく、「歌舞伎町監視カメラ」、「スーパー防犯灯」、「コンビニの監視カメラ」などなど、街中に増殖し続ける監視カメラに共通する問題といえます。なにしろ、ありとあらゆる監視カメラは、「街頭防犯カメラシステム設置法」とか「防犯カメラ設置条例」といった法的根拠をもたないものばかりなのですから。

にもかかわらず、監視カメラは絶え間なき進化を続け、「データが劣化しない」、「検索性が高い」、「記録の保存が廉価でかさばらない」、「コピーしても劣化しない」といった特徴をもつデジタルカメラが主流となりつつあります。

昨年5月末には、成田空港・関西空港の税関スペースに「顔貌認識システム」が設置されました。「顔貌認識システム」とは、いわゆるバイオメトリクス技術の一種で、街頭カメラに写された顔貌から、目、耳、鼻の間隔などの位置関係やパーツの特徴を瞬時に数値化し、これと、データベースにあらかじめ登録された"要注意人物"の顔貌データベースと自動的に照合(データ・マッチング)しようというものです。

警察のカメラが、歌舞伎町がそうなってしまったように、街中あらゆるところにあふれ、「顔貌認識システム」が使われたら、それは自動尾行システムが完成したことを意味します。ならば、このような技術の進化を見据えた、強力な歯止め作りを早急に進めることが必要なのはいうまでもありません。そのためにも、憲法や判例の精神を反映した、監視カメラ個人情報保護法制の、一日も早い成立が望まれます。

あきれたはてた監視カメラ「取り外し」の顛末

河村たかし代議士の追及により、警視庁は2003年2月19日の衆院予算委員会で、監視カメラの取り外しをシブシブ了承したかのような答弁をします。「監視カメラはなくなる」との答弁を谷垣警察庁長官がするのです。

が、フタを開けてみたら、大ドンデン返し的なオチがついていたのです。

2003年4月1日付で、情報公開センターの施設は、警察第2総合庁舎から警視庁本庁舎に移設されました。その引っ越し先は、オービス（速度違反取り締まりシステム）に撮影されて呼び出されたドライバーが出頭する取調室だったのです。

つまり、監視カメラが取り外されたわけではなく、わざわざ予算（税金）を費やして、オービス部屋と場所を取り換えてしまったというわけです。今は、オービスによる出頭者が、監視カメラにさらされているということでしょうか。

予算委員会で河村代議士が「たとえばオービスで捕まっておもしろくなさそうな顔して来た人」の部屋ですら「1個もついておりません」と発言をしており、言葉尻をとらえて揚げ足でもとったつもりなのでしょうか。あまりにも大人げない対応ぶりに、あきれてものをいえません。ちなみに、新センターでは監視カメラは、まだ確認されていません。

監視社会を監視する

監視社会のターゲット

富山大学教員／ネットワーク反監視プロジェクト
小倉利丸(おぐら・としまる)

よりいっそう人権の侵害に直面する人たち

　監視社会は網羅的監視を押し進めますが、すべての人が等しく監視されるわけではなく、とりわけ監視のターゲットとなる人たち、よりいっそう人権の侵害に直面する人たちがいます。とくに、移住労働者、移民、難民など、さまざまな形で日本の国籍を持たずに日本に住む人たちに対する監視が、確実に強化されています。住基ネットは住民票に連動する問題ですから、そうした移住労働者の問題は直接テーマにならないように見えますが、実はそうではないだろうと私は思っています。

　一般的に移住労働者は住民票ではなく外国人登録制度で管理されますが、住民票があるかないかは移住労働者にとっては生活上の重要な問題になることがあります。たとえばオーバーステイであるとか、さまざまな問題を抱えて移住労働者として生活している人たちにとって、住民票を取得するということが非常に有効なケースになる場合がありうるわけです。

　実は、自治体によっては移住労働者にも住民票を交付している所もあるのです。住民票を持つことによって、アパートを借りやすいとか、さまざまな公的サービスを受けやすくなる。ところが、住基ネットが国レベルの大きなシステムになってしまうと、自治体レベルの裁量で例外的に住民票を交付することが困難になるのではないかと危惧します。

　IDカードを含めた住民管理、監視社会のなかで、多くの国でターゲットにされているのは移民で、イギリスの場合は日本とは逆に移民にIDカードを持たせることで管理するようになっています。

　監視カメラでよく引き合いに出されるのは東京・新宿の歌舞伎町ですが、空港でも顔認識のシステムを含めて監視カメラが入ってきており、さらに航空会社は航空券の発券に際してバイオ・メトリクスを利用した本人確認を行おうと実験中です。ワールドカップのときには、フーリガン対策と呼ばれて、開催地には監視

カメラがはびこりました。いずれも日本人に対してではなく、日本にいる外国人、移民、日本に来る人たちを監視の対象にしているわけです。

　小泉さんが好きな規制緩和やネオ・リベラリズムのグローバル化で、資本や企業は自由に国境を越えて投資できる環境を作るべきであるという話が一方の流れにありながら、他方で唯一規制緩和の対象にならないのが人口管理の部分です。一向に緩和されず、むしろ管理が強化されている。

　この問題について私たちはどう考えるのか。国の中では、自分たちが住みたいところ、生活したい所で生活をして、仕事をする権利があるのと同じように、国境を越える自由の権利を私たちは保障されなければいけないと思います。反グローバル化運動のなかで、人々の国境を越える権利を非常に重要な権利として考えるようになってきています。監視社会化は、こうした主張と真っ向から対立する排他的で差別的な考え方です。ですから、移住労働者も含めたところで、監視社会の問題というのをきちんと考えることが必要です。

グローバル化のなかで強化される管理システム

　住基ネットは「人に関わる６情報」ということですが、監視社会問題を考えるうえで重要なことは、人を直接監視するのではないところでも、監視行為による重大な権利侵害が発生するという問題です。たとえばマネー・ロンダリング問題（以下、マネ・ロン）❶の場合、人というよりデータ自体の監視というのが非常に重要な問題になってくるでしょう。

　日本では金融庁がその管轄省庁になるのですが、OECDの金融作業部会というところがこのマネ・ロン監視の国際的なルールを決めています。これらのマネ・ロンのホームページを見ますと、その政治的な性格がよくわかります。マネ・ロン対策を目的に、ここでも移住労働者の本国への送金が監視されます。

　オーバーステイなどで本人確認を金融機関にされることを避けたかったり、高額の手数料を搾取する銀行を使えない途上国の人たちが利用する海外送金のルートを、「地下銀行」などといって取り締まる。テロリストと関わりがあると疑われる金融組織が大量にリストアップされ、逐次このリストは更新されています。金融庁などは、ほとんど警察と同じことをやっているのです。お金の流れで

---

❶犯罪によって得られた資金の出所を隠すための行為。国際的な資金移動によって行われることも多い。最近国際条約で規制・監視が強化されてきている。

もって人をチェックするというやり方をしています。

監視社会の問題というのは、単なる数字や人が読んでわかるようなデータではないものが、生身の人間の個人情報をチェックするための手段になってきているという問題でもあります。

マネ・ロンに関係して、金融機関は最近施行された本人確認法によって個人情報を確認することが義務づけられていますので、マネ・ロン対策のデータ監視が、住基ネットと連動していく形で、いく重にも住基ネットが監視社会の枠組みの中に組み込まれていく可能性はあるだろうと思います。

国家の"テロ"アレルギーが管理社会を助長する

従来、欧米のプライバシー関係の運動体は、盗聴捜査を行う警察のようなところには非常に大きな関心をもっていましたが、「エシュロン」❷が注目されるあたりから、国家の安全保障の問題をプライバシーの問題に関して聖域にしてはならないという理解が進みました。9・11事件以降、軍事、国家安全保障問題をプライバシーの観点から批判的に再検討する動きが活発です。

たとえば、米国が国防総省を中心に推進しようとしている包括的な情報収集、分析、監視のシステム（Total Information Awareness）は、驚くべき計画で、官民を問わずありとあらゆる個人データを網羅的に結びつけて利用できるようにしようというものです。米国内で国防総省がこうしたシステムの中心的な役割を担うということは、日本でいえば防衛庁が国内の個人データを網羅的に監視することを思い浮かべればわかるように、軍事と警察の垣根をほとんどなくすことになります。国中の人々が、どこにいようと、空港のセキュリティ並かそれ以上にプライバシーの権利などにおかまいなしに覗かれ、尾行され、ときには行動の自由を奪われる、ということを意味します。TIAは、2003年4月に、米国で開催された「ビッグ・ブラザー賞」で、今年最もプライバシー侵害が危惧されるシステムとして、名指しで批判されました。

かつてならば、国家間の問題を「軍事外交問題」といいました。ところが今、軍事外交問題というと、中心になるのは「国家」と「国家でないもの」（非国家行為体）との間の問題だというのが、国家側の認識です。

---

❷アメリカ政府が配備しているといわれる、国際情報通信に対する世界規模の盗聴システム。アメリカ政府はその存在を認めていないが、EUは、独自の調査に基づいてその存在と危険性を指摘している。

「国家でないもの」の中にはテロリストが入ってくるわけですが、テロリストの定義については、いまだに国際社会の中で合意が得られていません。誰をテロリストと呼ぶのかということに関して、今、決定権をもってしまっているのはジョージ・ブッシュです。彼は2002年6月、サダム・フセイン暗殺命令を出しました。2003年、アルカイダのメンバーの暗殺も命令しました。にもかかわらずブッシュは、テロリストとは呼ばれないのです。

"テロリスト"というオールマイティの切札を使って国家と国家以外の組織や集団との関係が安全保障の中心問題になってきていますので、軍事は私たち市民に直接関わる問題になっています。そのなかで、国家がテロリストと名指しする人たちの「名指しされることの不当性の可能性」というややこしい問題とともに、テロリストとそうでない者との区別すらつけられない国家の側のパラノイア的な対応が、ますます監視を強化させています。

安全保障の問題に関しては、警察がどんどん軍隊化しているし、軍隊は警察のように国内の中で活動し始めています。捜査当局のグローバル化もどんどん進んでいます。そのなかで監視やセキュリティが大きなビジネス・チャンスを生み出し、金もうけのためにプライバシーが商品化される。そして、情報化に伴う監視社会では、技術の問題が非常に大きな意味をもっていることに注目してください。

● ノーチェックの技術が安全といえるか

私はずっと盗聴法の反対運動をしてきましたが、どの法律を見ても技術を規制できていないのです。

いったん法律ができて予算を通してしまえば、盗聴装置を勝手に警察が作れるわけです。その作った盗聴装置がいったいどういう機能をもっているのか、チェックは一切できません。その技術で何ができるのか、そしてどんな違法なことができるのかを、少なくとも私たち自身がチェックできないかぎりは、盗聴装置同様、自治体も含めて住基ネットで使われている技術は安全ではないと思います。住基ネットでも監視カメラでも、バイオ・メトリクスでも、その危険性はみな同じです。

監視技術は、私たちの存在そのものに関わるのですから、医療技術並にその技術の内容が規制されなければならないと思います。もちろん、廃絶できることが最も好ましいわけですが。

私の住む富山市と住基ネットについて交渉したとき、市の担当者が、「ネットの技術上のトラブルについては、業者を呼んで対処する」と言っていました。業者を呼ばないとわからない技術なわけです。今まで、住民基本台帳であれ、自治体が個人情報について行ってきたことは、自治体の職員が紙を使って管理をしていたわけですから、別に業者なんかいらなかったのです。そこで安全が保たれていた。あるいは何が不穏な行為か、はっきりしていました。

　業者を入れなければいけない、あるいは業者に任せなくてはいけないという形でしか技術をコントロールできなくなってきていることは、住民の個人情報が紙での管理の時代にくらべて格段に不安定になっていることを示しています。つまり、「業者はいらない。技術を含めてすべて自治体で管理できます」というふうになって、技術の透明性を自治体自らが証明し、住民と議論して、確かにこの技術は違法なことができないということが技術の専門家も含めて証明される——それが住民、市民の自治と民主主義です。それを、業者の介入を口実にブラック・ボックスにしている。これは民主主義を技術が抑圧している典型的な事例です。

匿名の自由を奪う住基ネット

　最後に、どういう名前を使うか——匿名であることの自由は、たいへん重要な権利だということを指摘しておきたいと思います。

　いくつ名前を持とうが、匿名であろうが、その自由を保障でき、なおかつみんながなかよくできる社会がありえます。また、匿名は社会的に抑圧された人たちが自分たちの権利や生存を支えるために必要とする場合があるのです。

　私たちは、デモや集会に参加するときに、政府や警察に名前を名乗りません。彼らは参加者の名前を知りたいことでしょう。また、選挙も匿名ですが、立候補者はみな、誰が自分に投票したかを知りたがっています。電子投票システムは、その技術如何によってはこの匿名性を脅かす可能性をもっています。匿名は民主主義の重要な前提条件なのですが、つねにこうした力関係のなかで脅かされているということを忘れてはなりません。

　住基ネットは、この匿名性を格段にもろいものにします。この点も十分に視野に入れて、住基ネットを穴だらけにする闘いをさらに進めていきましょう。

参考資料

【書籍】

『プライバシーがなくなる日──国民共通番号制とネットワーク社会』日本弁護士連合会（明石書房、近刊）

『知っていますか、個人情報と人権　一問一答』白石孝（解放出版社、2003年）1000円

『危ない住基ネット』臺宏士（緑風出版、2002年）1900円

『監視社会』デイヴィット・ライアン／河村一郎訳（青土社、2002年）2400円

『「住基ネット」とは何か？』櫻井よしこ・伊藤穣一・清水勉（明石書店、2002年）1000円

『情報セキュリティ技術大全』ロス・アンダーソン／トップスタジオ訳（日経BP社、2002年）5800円

『私を番号で呼ばないで』やぶれっ！住民基本台帳ネットワーク市民行動編（社会評論社、2002年）2000円

『CODE──インターネットの合法・違法・プライバシー』ローレンス・レッシグ／山形浩生・柏木亮二訳（翔泳社、2001年）2800円

『監視社会とプライバシー』小倉利丸編（インパクト出版会、2001年）1500円

『プロブレムQ＆A──個人情報を守るために　瀕死のプライバシーを救い、監視社会を終わらせよう』佐藤文明（緑風出版、2001年）1900円

『暴走するプライバシー──テクノロジーが「暴き屋」の武器になる日』シムソン・ガーフィンケル／橋本恵訳（ソフトバンクパブリッシング、2001年）2000円

『プライバシー・クライシス』斎藤貴男（文春新書、1999年）720円

『インターネット市民革命──情報化社会・アメリカ編』岡部一明（御茶の水書房、1996年）2800円

【パンフレット】

『住基ネットQ＆A──住民基本台帳ネットワークシステムの問題点に関する解説書』日本弁護士連合会（2003年2月）オンライン配布：http://www.nichibenren.or.jp/jp/nichibenren/nichibenren/iinkai/data/jyukinet_qa.pdf

『住民基本台帳カードをベースとした連携ICカード導入の技術的問題点』山根信二（私家版、2003年2月）オンライン配布：http://www1.jca.apc.org/juki85/Pamphlet/PDF/030215Yamane-smartcard.pdf

『改正住民基本台帳法資料集──改正法の逐条解説・国会質疑を網羅』練馬区改正住民基本台帳法問題研究会（ほんコミニケート編集室、2000年1月）1500円

反住基ネット連絡会

東京都目黒区目黒本町1-10-16
日本消費者連盟気付（〒152-0002）
Email info-juki@wsf.miri.ne.jp
URL http://www1.jca.acp.org/juki85/

住基ネットいち抜けた
自治体離脱の手引き

2003年5月31日　第1版第1刷発行

編　者　反住基ネット連絡会
発行人　成澤壽信
編集人　西村吉世江
発行所　株式会社 現代人文社
　　　　東京都新宿区信濃町20
　　　　佐藤ビル201（〒160-0016）
　　　　Tel.03-5379-0307（代）
　　　　Fax.03-5379-5388
　　　　daihyo@genjin.jp（代表）
　　　　hanbai@genjin.jp（販売）
　　　　http://www.genjin.jp/
発売所　株式会社 大学図書
印刷所　株式会社 シナノ
装　丁　西澤幸恵（Push-Up）
イラスト　佐の佳子（Push-Up）

検印省略　Printed in JAPAN
ISBN4-87798-159-4 C0036
©2003 by 反住基ネット連絡会

本書の一部あるいは全部を無断で複写・転載・転訳載などをすること、または磁気媒体等に入力することは、法律で認められた場合を除き、著作者および出版者の権利の侵害となりますので、これらの行為を行う場合には、あらかじめ小社または編著者宛に承諾を求めてください。

もっともらしい名前に騙されてはイケナイ！

GENJINブックレット⑲

あなたのプライバシーが国家管理される！個人情報保護法をぶっ潰せ

個人情報保護法拒否！共同アピールの会 編

A5判・80頁 840円(税込)

魚住昭・櫻井よしこ・佐高信・佐野眞一・魚住昭・田原総一朗・宮台真司・吉岡忍・吉田司など著名な作家やジャーナリストたちが、個人情報保護法の問題について緊急執筆！

4-87798-060-1 C0036

本当の狙いは表現の自由とインターネット規制だ！

GENJINブックレット⑳

ストップ！個人情報ホゴ法

個人データ保護と表現の自由を守る会 編

A5判・64頁 945円(税込)

IT時代の個人情報を質量ともに圧倒的に抱える行政。その情報の流通を規制する「個人情報保護法案」の本当の狙いとは？　斎藤貴男・佐藤文明らジャーナリストが徹底的に分析。

4-87798-062-8 C0036

㈱現代人文社

〒160-0016　東京都新宿区信濃町20 佐藤ビル201
tel：03-5379-0307　fax：03-5379-5388
E-mail：hanbai@genjin.jp
URL：http://www.genjin.jp